烟台工贸技师学院职业素养培养系列丛书

山东导游讲解实训

李 丹 ◎主编

中国书籍出版社
China Book Press

中国古代文物

本书编委会

主　　任　张　丛　于元涛
副 主 任　梁聪敏　李翠祝　孙晓方　王宗湖
　　　　　　李广东
委　　员　于　萍　李　红　任晓琴　邓介强
　　　　　　路　方　王翠芹
主　　编　李　丹
副 主 编　邢伟凤　王振德　张云萍

前 言

随着大众旅游时代的到来，旅游业已纳入经济强国战略，导游作为旅游业的灵魂，其素质和形象直接关系到旅游行业的服务质量和整体形象。本教材以培养旅游院校导游专业学生的职业核心能力为目标，吸取了2015年国家旅游局发布的《全国导游人员资格考试管理办法》和山东省导游人员资格考试大纲的具体要求，组织了拥有多年一线教学和编写经验的老师，立足于学生为主体，教材内容设计运用了"情境教学法"和"项目教学法"的理念，将具体的项目教学与活动教学相结合，使教学理论和导游实践有机融合，是一本适合在山东省旅游类院校使用的操作性较强的专业教程。

教材中项目一和项目二围绕培养导游员基本素质的养成和训练设计，通过情境再现使学生了解导游的基本素质要求，在能力提升和训练过程中给学生以启迪和指导。练习与评估使学生在活动中得到体验，在活动中感悟。

项目三至项目十一的导游词教学不同于同类教材中单纯的导游词的呈现，它是以山东省景区导游词为基础，挑选了山东省具有代表性的、著名的5A级景区，创设以不同类型团队进入景区的情境为线索，结合实例，在导游词创作和讲解能力提升方面运用丰富多样的训练方法进行教学。情境导入、路线设计、尝试写作、训练提升、效果评估是本教材的基本结构。情景感强、创作灵活、训练方法易操作、评估标准细化是其特色。图文结合的表现形式，新颖、直观、生动，景点实景和正文联系紧密，丰富了学生对景区的认识。教材设计了符合导游实际、具有代表性的团队进入景区，让学生通过旅游路线设计和景区分析，明确游览顺序和讲解重点，加深对景点的理解，掌握创作导游词的基本内容。在训练过程设计上注重可操作性，让"尝试写作"和"讲解训练"达到预期的目的，使教师的教学可以更明确、简便、易操作，能让学生积极参与项目活动，在项目活动中提升能力。

在此，感谢在教材编写过程中给予大力支持的同仁！也衷心感谢全体编撰人员的辛勤付出！

由于编写时间较短，加上编撰水平有限，教材难免存在遗漏、失误之处，恳请专家、广大同行和读者予以指正，以期改正。

编　者

2017 年 5 月

目录

导读　导游讲解服务 ·· 1

项目一　导游人员的形象 ·· 2

项目二　导游人员的发声训练 ·· 8

项目三　致欢迎词 ·· 13

项目四　致欢送词 ·· 20

项目五　南山旅游风景区 ··· 26

项目六　蓬莱阁 ··· 38

项目七　泰山 ·· 53

项目八　刘公岛 ··· 64

项目九　天下第一泉景区 ··· 75

项目十　孔庙、孔府、孔林 ·· 87

项目十一　崂山 ··· 100

导读 导游讲解服务

　　导游讲解服务，是导游人员为旅游者提供的基本服务技能，是以导游词为基本内容，依托导游的声音与游客进行沟通和交流，通过解说完成传递旅游知识、交流情感、宣传旅游景点和旅游目的地的使命。对导游而言，"讲解能力是生存之本，不会讲解的导游等于雄鹰没有羽翼"。

　　导游讲解的对象是游客，讲解吸引不了游客，或者游客不愿意听，就是失败的讲解。讲解练习中，如何做到讲解吸引游客呢？导游讲解的内容，是以导游词为蓝本的。收集和整理景点资料进行再创作的过程是导游讲解的基础。讲解前的第一步是讲解内容的准备，即再创作导游词。其次，在导游词的再创作中，需根据不同类型的旅游团队，导游应结合实际，运用恰当而灵活的讲解方法，将旅游景区景点自然或人文知识赋予有表现力、感染力、有现场感的口语表达，同时，在讲解中巧妙地将导游生动形象的体态语言和有声语言融为一体，在游览中帮助游客更好地了解景点的文化内涵，提高景观的欣赏价值。

　　在导游实践工作中，一名优秀的导游人员应具备良好的职业形象、丰富的导游业务和景点知识，更应拥有扎实的导游讲解能力。那么，导游讲解技能是如何练就的呢？怎样成为一名合格的导游员呢？让我们一起来学习吧！

项目一　导游人员的形象

情境导入

刘晓宇是一家知名旅行社的导游员，某个夏日，她接到旅行社的带团任务：一个外省旅游局领导来当地考察线路，同时洽谈合作项目。能担任本次导游任务，让刘晓宇感受到了领导对她的信任，自己也很重视。接团前，刘晓宇认真准备了资料，细致分析了旅游线路。根据自己对时尚的了解，特别对自己的形象刻意修饰了一番，身着露脐衫、下穿热裤，头戴韩式小礼帽，希望自己能给游客留下一个时尚新潮的印象。然而，就是她的这身着装，坏了旅行社的合作项目。旅游局的领导认为：作为知名旅行社的员工，她的着装过于前卫，个人装扮不符合职业规范，有损当地旅游从业者的职业形象。

导游人员作为当地接待人员首次在游客面前亮相，既体现了对游客的尊重，又表现出导游人员良好的职业素养，同时，还反映出当地导游人员的整体形象问题，在一定程度上也是所在城市形象的代表。

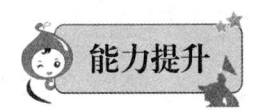

能力提升

一、导游人员的着装与配饰

1. 导游员的基本着装

男、女导游人员的衣着以统一的工作装为好，服装要简洁、大方。下穿西裤时，上装可穿衬衣或西服，穿制式皮鞋；户外带团时，下穿休闲裤，可以配T恤或夹克衫，穿运动鞋。在导游员岗位上形成的一般穿着传统为：男士衣服必有领子，女士衣服必有袖子。所以，男导游不能穿圆领汗衫，女导游不能穿吊带上衣。夏天男导游不应穿短裤，女导游不宜穿短裙、热裤。男、女导游员讲解时均不能穿拖鞋、背心。

男、女导游员穿不同款式的鞋子，袜子的选择也相应有所不同。男导游穿深色西服配黑色皮鞋，袜子要选择深色，不能穿黑鞋配白袜子。女导游穿套装裙时，要配皮鞋穿肉色丝袜（一般是连裤袜），切忌袜子头外露。男、女导游员穿休闲装时，应配运动鞋，袜子选浅口浅色。袜子要清洗勤换，不能有异味。

2. 导游员的配饰

在导游讲解时，导游员不戴饰物为佳，手表和结婚戒指除外。工作装如有丝巾、帽子的，应统一、规范佩戴，进入室内应将帽子摘下。导游人员一般不适合用手提包、公文包，为便于工作，户外带团时可携带运动款的双肩包、腰包和斜挎包，但讲解时，要将随身带的包放在安全位置，不宜带在身上。

二、导游人员的仪容

1. 发型

导游的发型要符合美观、大方、整洁、实用的原则。女性导游的发型要与脸型、体形、年龄相协调，应该是活泼开朗、朝气蓬勃、干净利落、持重端庄。切不可把头发染成红色或多色，并佩戴色泽鲜艳的发饰。男性导游的鬓发不能盖过耳部，头发不能触及后衣领，也不允许烫发和染发。

2. 面部化妆

对于导游人员来讲，一般以淡妆为佳，不能浓妆浓抹，还要避免使用气味浓烈的化妆品。男导游员每日要剃须修面。户外工作时要注意防止紫外线灼伤，需要涂防晒霜。

3. 口腔、鼻腔

个人保持口腔清洁是讲究礼仪的先决条件。导游人员在上班前不要喝酒，不要吃有刺激性的异味食物，如生葱、生蒜，饭后淡茶漱口，以保证口腔清新。要经常清理鼻腔，修剪鼻毛。

4. 手指甲

导游人员要随时清理双手，要经常修剪和洗刷指甲。导游人员不应留有长指甲，也不能涂用色彩鲜艳的指甲油。

5. 公共卫生

导游人员应养成不随地吐痰、不乱扔果皮纸屑的良好习惯。在他人面前剔牙齿、挖耳朵、掏鼻孔、打哈欠、搔痒、脱鞋袜等都是不礼貌的行为。咳嗽和打喷嚏时，应用手帕捂住口鼻，不能面对他人，而且要尽量减小声音。

三、导游人员的表情

1. 眼神

眼睛能表达复杂、微妙、细腻、深邃的感情，能如实反映人的内心思想感情和思维活动，所以，人们常说眼睛是心灵的窗户。导游人员的眼神应保持坦然、友善、热情、乐观。冷漠、傲慢、贪婪的眼神都是不健康的，只会让游客内心产生抵触和厌恶的情绪。在工作中左顾右盼、挤眉弄眼、斜眼、白眼看人是导游人员最忌讳的。

2. 微笑

微笑是交流的润滑剂，是"通往全世界的护照"。亲切、温馨的微笑能使人拉近心理距离，创造良好的交流与沟通的氛围。微笑是导游工作中不可或缺的职业表情，导游员应做到不笑不开口、开口即有笑。

四、导游人员的体态与举止

在讲解中，导游员应清晰地意识到仪表端庄、举止优雅是导游人员应具备的职业素质，举手投足中都应有规范的职业表现。常用的仪态有站姿、走姿、手势。

1. 基本站姿

双眼平视、下颌微收，两肩平齐、两臂自然下垂、两脚跟并拢，脚尖张开一定的角度，挺胸收腹、腰背挺直，身体重心落于两腿正中。整个身体庄重挺拔，避免僵硬、紧张。不弓腰驼背、不东倒西歪或倚靠在其他物体上，更不能把手插进裤袋或叉在腰间或抱在胸前。

2. 旅游车讲解站姿

与基本站姿大体相同。在行驶的旅游车上讲解，为避免重心不稳，可将身体轻轻倚靠在有后倚位置的靠垫上，双脚可微微分开，不超过1/2肩宽。注意保持身体稳定的直立状态。

3. 走姿

健康优美的行走姿势展示的是人体动态美。导游人员的工作离不开行走，行走时，步态应该轻盈自然、目视前方，身体挺直，双肩自然下垂，两臂摆动自然，膝关节与脚尖正对前进方向。步度与自己的身高相宜，双臂自然摆动，前后摆幅约30度左右，忌左右摇摆、摇头晃脑、内外八字。

值得注意的是，需要详细讲解时，导游员要停下脚步，面对游客交流。讲解中一般不宜有大幅的行走动作，不宜长时间的边走边讲。如果需要边走边讲时，导游员的目光应注意与游客交流的同时，还应随时关注路况，做好提醒服务。

4. 手势

在讲解中，恰当的手势会使交流更生动、自然，给讲解增色，起到锦上添花的作用。手势的使用要注意规范、适度、合乎惯例。导游工作中常用的手势除了日常交往"OK、竖大拇指、V字"等常用手势外，最常用的要属引导手势了。

引导手势的基本要领：掌心向斜上方，五指自然并拢，腕关节自然弯曲，手与前臂成一条直线，上臂与身体间有一定的角度。另一只手自然下垂，身体侧向游客，目光兼顾所指方向，落于手上。

运用引导手势时，一般同时说出礼貌用语。

常用的低位、中位、高位手势如图所示。

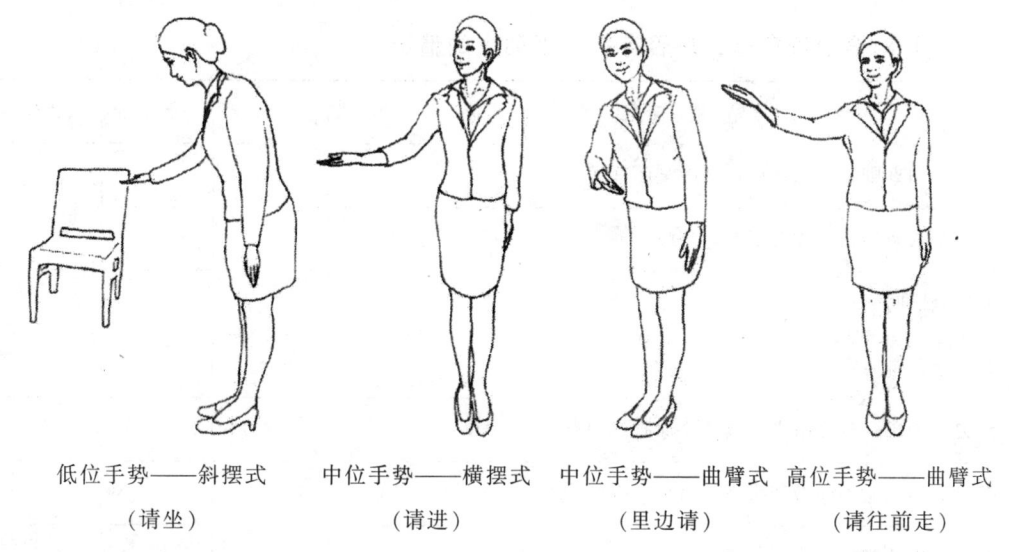

低位手势——斜摆式　　中位手势——横摆式　　中位手势——曲臂式　　高位手势——曲臂式
（请坐）　　　　　　　（请进）　　　　　　　（里边请）　　　　　　（请往前走）

过程训练

一、活动一：微笑训练

1. 每人准备一面镜子，对着镜子微笑。首先找出自己最满意的笑容，然后不断地坚持笑容。微笑时调动记忆中自己最美好的情绪，借助一些字进行口形练习："切切"、"姐姐"、"钱"、"茄子"等，当默念这些字词时，形成正好是微笑的最佳口形。

2. 说"E——"让嘴的两端朝后缩，微张双唇；轻轻浅笑，减弱"E——"的程度，相同的动作反复几次，直到感觉自然为止。

3. 与眼睛、身体、语言的结合。

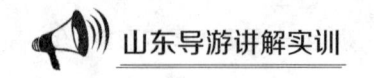

二、活动二：仪态现场秀

1. 将班级人员划分几个小组，每组5~6人，小组内自行创设旅游情境，进行仪态演练。自然、礼貌地运用手势语与游客交流。

2. 提示：情境设计思路清晰，有一定的故事性。上台表演仪容端庄大方、着装符合导游人员职业要求，仪态举止规范得体，手势运用恰当。

效果评估

评估一：自我职业形象评估

（一）对照检查自己，是否存在下面列出的情况

情 境 描 述	有	偶尔	没有
1. 同学和老师很少能看见自己微笑的样子			
2. 经常浓妆艳抹（或者不会化淡妆）			
3. 穿制服时穿运动鞋			
4. 穿黑皮鞋时穿白袜子			
5. 夏天外出活动穿吊带、热裤、赤脚穿凉鞋			
6. 站立活动时不能做到头正、肩平、身体直			
7. 走路内八字（外八字）			
8. 回答他人问路时用手指指点			
9. 有吃生葱、生蒜的习惯			
10. 语言表达不流畅时会有捂嘴、拨弄头发的动作			

（二）评估标准和结果分析

选择"有"计2分，选择"偶尔"计1分，选择"没有"不计分，分数相加，得出总分。

0~4分：你非常了解导游人员职业形象，注意自己的举止形象，这将使你赢得游客的尊重。

5~10分：你平时是有一些不文明、不文雅的举止，应该及时纠正，否则会影响到你的导游形象。

11~20分：你在仪容形象方面缺乏导游职业素质，应下大力度修正，否则，你将在职场上前途黯淡。

评估二：仪态现场秀评估（采用自评、同学评、教师评的方法）

组　别	自　评	同学评	教师评
第一位同学			
第二位同学			
第三位同学			
第四位同学			

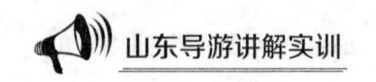

项目二　导游人员的发声训练

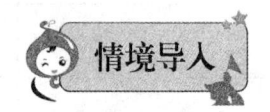

情境导入

　　世界著名的男高音帕瓦罗蒂在年轻的时候，虽然在音乐界声名远扬，但整个人的状态非常紧张，因为他觉得他用来唱歌的嗓子不堪重负。有一次，他在世界各地巡回演出，非常疲惫。晚上在一个酒店的房间里翻来覆去睡不着，生怕自己再唱下去，嗓子会支撑不住。这个时候，隔壁的那个客房里有个小婴儿在不停地哭闹。显然，这孩子是个夜哭郎，一直在一声接一声地哭。帕瓦罗蒂烦恼极了，他越睡不着觉，就越烦，就越睡不着觉。突然，帕瓦罗蒂想到一个问题：这个小婴儿哭了几个小时了，为什么声音还那么洪亮？接着，他认真地听，细细地想，后来他终于明白了，我们成年人的身体的各个部位可以独立运用，唱歌时独立运动的是嗓子，而小婴儿是不会单独用嗓子的，婴儿的哭声用的是丹田之气，所以嗓子不会嘶哑。

　　帕瓦罗蒂得到了这个启发，就开始学着练习运用丹田气唱歌，这使得他的歌唱艺术得到了飞跃，并奠定了他在世界歌剧舞台上崇高的地位。

　　在导游界有句行话，叫做"祖国河山美不美，全凭导游一张嘴"。导游服务效果的好坏在很大程度上取决于导游人员掌握和运用语言的能力。一般人看来做一名导游要有好的口才，好口才则需要好嗓子的支撑。因为职业的关系，目前正在从事导游工作的人有很多都患有咽炎、声带小结等职业病，如果我们掌握了科学的语言训练方法，就可以从根源上保护自己，避免出现这些问题。扎实的语言功底，不仅能使我们的导游解说声声入耳、达到"大珠小珠落玉盘"的境界，更重要的是掌握科学的用声方法可以使我们声音增加弹性、在带团的时候抵抗疲劳。由此可见，发声训练无疑是做一名导游员最重要的基本功了。

能力提升

导游语言基本功训练可以分为呼吸、发声、吐字归音三部曲。

一、气息控制训练——胸腹式呼吸

谈到呼吸，许多人都会说，呼吸不就是喘气儿嘛，我从生下来就会。但我们在工作和训练中所要使用的，不是平常的浅呼吸，而是胸腹式呼吸。我们要集结胸部和腹部的力量来完成气息的吞吐，这就是所谓"气动则声发"。掌握了胸腹式呼吸，就可以减轻嗓子的负担，讲解时轻松自如。如果不会科学用声，我们的嗓子一定不堪重负。要掌握科学用声的方法，气息的控制练习是第一步。胸腹式呼吸是身体吐垢纳新的一个过程，对身体健康也非常有利。

二、发声

导游讲解中，如果发音不够清晰、准确，语音语调不很恰当，甚至带有地方口音，讲解的效果势必会有影响。系统科学地提高发声能力，是每个导游员应该了解、最好能够掌握的。通过口腔操训练、气息控制训练、共鸣控制训练、声音弹性训练，都可以让口腔灵活，说话利索。

三、吐字归音

吐字归音是讲解中使字音清楚、准确、完整。普通话饱满的传统发音手段，在吐字归音方面需要把握出字、立字、归音的要领。所谓出字，是指吐字归音过程中对字头的处理，要求做到字头有力、叼住弹出。而立字，是指吐字归音过程中对字腹的处理，要求做到字腹饱满、拉开立起。归音则是指吐字归音过程中对字尾的处理，要求做到弱收到位、趋势鲜明。长期坚持吐字归音训练可以调整导游员讲解更清晰、发音更准确。

四、给声音注入情感

呼吸、发声、吐字归音训练能让我们说话字正腔圆、清晰悦耳，但语言的感染力来源于语言中的情感。唐代大诗人白居易曾经说过："感人心者，莫先乎情"。曾经有一位著名艺术家说过："任何精彩的图画给人的震撼力都不如舞台上的一声叹息。"我们试着用不同的语气说"你过来一下"、"我喜欢你"，能体会出不同的感情色彩。

在导游讲解中，导游员的声音要根据讲解内容的不同，进行弹性变化，情声气巧妙结合，使高音圆润、结实而富有光彩，低音深厚而不压抑。正所谓："高音不喊，低音不散。"一般来说，我们在讲解工作中，讲历史人文的时候音调要降低，例如：讲传说故事的时候音调要升高，讲解中要注意把握重音、语调、停连，做到抑扬顿挫、百转千回。情是内涵，声是形式，情动于内，声发于外。

因而，在导游过程中，要注重情感的注入，达到有声语言的艺术性。与游客面对面进行沟通时，重要的不是你对他说什么，而是你对他怎么说，也就是说我们常常关注的是所表达的内容，而游客更在意你说话时的方式，或者说是你表达出来的情感。导游语言应做到正确、清楚、生动、灵活。

过程训练

一、胸腹式呼吸练习

保持导游基本站姿，吸气后两肋扩大，横膈膜下降，小腹微收。

1. 吸气练习

吸气要深，整个胸部要撑开，尽量把更多的气吸进去。

体会：你闻到一股香味时的吸气法，闻花香练习。

注意：吸气时不要提肩。

2. 呼气练习

吸气一大片，呼气一条线。呼气时要慢慢地进行，要让气慢慢地呼出。呼气时可以把上、下牙齿基本合上，留一条小缝让气息慢慢地通过。可以发"丝"音来练习或者是想象自己在吹一支蜡烛，但又不舍得一下子将其吹灭，而是慢慢地、均匀地将它吹灭。

慢吸慢呼练习和快吸快呼练习交替进行。

体会：将自己的身体试想成一个暖瓶，气流从底部开始一下子灌满，再缓缓地从口部流出。

或体会：狗哈气。

注意：尽可能保持呼吸的节奏。

二、发声练习

元音音阶练习

a, o, e, i, u, ü

hahaha, heiheihei, houhouhou, heihahou

保持音调与音强，发声口诀：开牙关，要微笑，舌根松，下巴掉。一根声柱通硬腭，声音集中打面罩。

在学习和实践的过程中，掌握胸腹式呼吸方法及科学用声，的确可以使声音增加弹性、在带团的时候抵抗疲劳，但真要使讲解声声入耳、字字珠玑，还必须坚持朗诵、口腔操、绕口令和快板书的练习。

三、吐字归音练习

1. 喷口字训练：b、p、m 劈里啪啦、密密麻麻、乒乒乓乓、巴拔把爸

绕口令练习：八百标兵奔北坡，炮兵并排北坡炮；炮兵怕把标兵碰，标兵怕碰炮兵炮。逐渐增加难度，把每个字中间加上一个"了"再来练，"八了百了标了兵了奔了北了坡，炮了兵了并了排了北了坡了炮，炮了兵了怕了把了标了兵了碰，标了兵了怕了碰了炮了兵了炮。"

2. 弹舌音训练：d、t、n、l

绕口令练习：会炖我的炖冻豆腐，来炖我的炖冻豆腐，不会炖我的炖冻豆腐，就别胡炖乱炖炖坏了我的炖冻豆腐。

3. 齿音训练：z、c、s、zh、ch、sh、r

绕口令练习：隔着窗户撕字纸，一次撕下横字纸，一次撕下竖字纸，横竖两次撕了四十四张湿字纸！是字纸你就撕字纸，不是字纸你就不要胡乱地撕一地纸。

4. 归音训练

(1) 抵腭：n 作字尾，舌尖抵上齿龈。

练习：蓝天　人民　本分

(2) 穿鼻：ng 作字尾，声音穿鼻而出，但不能太早。

练习：帮忙　凤凰　汹涌

(3) 展唇：i 作字尾，展开嘴角，呈微笑状。

练习：海外　肥美　蓓蕾

(4) 敛唇：u 或 o 作字尾，聚敛双唇。

练习：秋收　优秀　老牛

5. 配合气息来练："走一走，扭一扭，见一棵柳树搂一搂，走两走……"

"一年拳，两年腿，十年练就一张嘴。"

塑造完美的声音，有方法但没有诀窍，有过程但没有捷径。要循序渐进，贵在坚持，功到自然成。人们常说："江山之美全靠导游之嘴"。声音的圆润甜美给精彩的导游讲解奠定了基础，但是要达到口吐莲花、妙语连珠，还要有丰富的学识作支撑，这就是所谓"腹有诗书气自华"。

效果评估

一、测评内容

1. 有感情地朗读诗词

两个黄鹂鸣翠柳，一行白鹭上青天。

窗含西岭千秋雪，门泊东吴万里船。

2. 快速读地名

世界知名的泰航将连接北京、广州、昆明、上海、曼谷抵斯德哥尔摩、哥本哈根、伦敦、布鲁塞尔、阿姆斯特丹、巴黎、法兰克福、苏黎世、马德里、罗马、雅典、迪拜、玛斯卡特、卡拉奇、科伦坡、加德满都、德里、加尔各答、达卡、仰光、普吉岛、合艾、槟城、吉隆坡、新加坡、雅加达、登巴萨、诗里巴加湾市、马尼拉、清迈、金边、万象、胡志明市、河内、香港、高雄、台北、汉城、福冈、大阪、名古屋、东京、布达佩斯、墨尔本、悉尼、布里斯班、奥克兰、洛杉矶等70个目的地。乘泰航往曼谷及世界各地，飞翔万里，快捷舒适。

二、测评方法

1. 将班级学生划分为若干小组，个人在组内朗读诗词，自评、同学评价

第一组	自评发音	自评吐字	同学评发音	同学评吐字
第一位同学				
第二位同学				
第三位同学				
第四位同学				

2. 各小组选派一名同学代表上台快速朗读地名，同学评价，教师协助

	节奏感	发音	吐字	流畅性	速度	总分
第一组						
第二组						
第三组						
第四组						

项目三　致欢迎词

情境导入

齐士峰是山东济南康辉旅行社的一名实习导游，4月16日6点20分在济南站接到一个来自哈尔滨的散拼团，该团当日将赴泰安游览泰山，次日上午11点30分返回济南，继续乘坐13点45分开往西安的火车，游览古城西安。由于在济南逗留时间较短，客人略感有些遗憾。为弥补遗憾，小齐在接团前请教了老导游，得到的回答是：利用接团乘车的短暂时间，致好欢迎词。于是，小齐想：怎样巧妙地利用济南的旅游资源在最短的时间内让游客融入到景色之中呢？

能力提升

导游人员的讲解服务是从致欢迎词开始，旅游车启动后，导游员马上投入工作。与游客首次见面，需要导游员营造和谐气氛，缩短陌生距离，给游客留下美好的印象，使游客对导游员产生信任感。致欢迎词是否成功关系到导游员能否建立良好的第一印象，也决定着导游员讲解服务的首次亮相有一个良好开端。

根据旅游团的性质及旅游团的文化水平、职业、年龄及居住地区等情况不同，欢迎词的内容也相应有所变化。致欢迎词的方式也要根据不同的游客，灵活运用。要给游客亲切、热情、可信之感，使游客进入轻松、愉快、满足的状态。

一、欢迎词的内容

1. 代表所在旅行社（接待社）、本人及司机欢迎游客光临本地。

2. 介绍自己的姓名、所属单位。在介绍自己时能告知游客容易记忆的便捷称呼，会取得较好的沟通效果。

3. 介绍随行司机。对其驾驶技术和水平做简单介绍，会对客人安心乘坐有一定的帮助。

4. 告诉游客自己的联系方式和接待车辆的车牌号码，方便游客及时联系，以防客人走失。

5. 介绍行程安排及注意事项，使游客对本次游程做到心中有数。

6. 表示提供服务的诚恳愿望并预祝旅游愉快顺利。

由于不同的旅游团客观存在着差别，所以欢迎词也不应千人一面、万人一声。要根据不同的团队性质、不同地区的游客特征等具体团队个性采取不同形式的欢迎词表达，以收到最好的效果。

二、欢迎词的主要形式

1. 规范式欢迎词

规范式欢迎词，是中规中矩、程序化的致词。没有华丽的词汇修饰，也没有风趣的幽默表现。它适用于旅游团规格较高、身份特殊的游客。对一般游客来讲，显得单调、枯燥。

范例：

尊敬的各位领导，大家好！大家一路辛苦了。

首先，我代表海韵旅行社欢迎各位领导来到我们"魅力烟台"。我是咱们这个团本次烟台之行的导游员，我叫王燕，大家叫我"小李"或"小燕子"都可以。为我们开车的师傅姓刘，刘师傅已有十几年的驾驶旅游车的经历，技术十分娴熟。我和刘师傅非常愿意为大家提供满意的服务。在未来的几天里，各位领导如果有需要我们办的事情，请尽管提出来，我们将会竭尽所能。我们由衷希望各位领导在烟台玩得开心、愉快。谢谢大家！

2. 聊天式欢迎词

聊天式欢迎词是娓娓道来的闲谈式欢迎词。它感情真挚、亲切自然，表达像拉家常。声音高低适中，语气快慢恰当。这种方式切入自然，游客易于接受，在不知不觉中导游与游客已经像老朋友一样的熟悉了，适用于以休闲消遣为主要目的的游客。

范例：

来自武汉的朋友们，大家好！

我先了解一下，咱们都是新华保险的员工吗？（回答：是的）噢，这就好，那么大家都相互了解了吧？（答：是的）我们也来认识一下，我姓张，叫张军，是国安旅行社安排接待大家的导游。再了解一下我们这个旅行团有没有领导？（这位是我们的经理）噢，经理，请问您贵姓？（姓李）噢，李经理！这次你就是老大，可以好好享受当老大的乐趣。这几天,无论大家有什么事,都得听老大的!知道吧,不过这几天老大也得听我的!开玩笑,我只是为大家尽服务而已。其实这车上真正的老大还是我们这位司机师傅!他掌管着全团人的方向呀!我们这位老大姓赵,赵师傅开了十几年的旅游车,在我们省旅游圈子里可谓德高望重,很有威信!有我们赵师傅,大家尽管放心,保证让大家玩得开心,快乐!

3. 调侃式欢迎词

这类欢迎词是生动诙谐、风趣幽默,玩笑无伤大雅,自嘲不失小节,言者妙语连珠,听者心领神会的调侃式欢迎词。它可以使旅游生活气氛活跃融洽,使游客感到轻松愉悦、情绪高昂,能有效消除游客的陌生感及紧张感,但不适用身份较高、自持骄矜的游客。

范例:(对大学教师团)

各位老师:大家好!

说实话,我现在面对大家有点紧张。其实我平时也不是这样,这次主要是因为面对的是这么多大学教授,心里有点发虚。接待这个团,我们海峡旅行社曾经先后安排了几个导游,但他们都不敢来,怕讲不好让大家笑话。于是我就来了,大家一定会猜想我是最好的,其实啊!我只不过是胆子最大的。我这是"山中无老虎,猴子称霸王"。有一点,请各位老师放心,我会努力的。我要珍惜这次向各位老师、专家学习的极好机会,在工作中不断充实自己。您呢,也就把我的导游讲解当作是检查学生的功课,请多指教。

好的,下面学生张导做一下介绍……

4. 歌唱式欢迎词

这种欢迎词也是一种非常好的致词形式,因为音乐无国界,总能给人带来快乐和愉悦,这正是旅游者期望得到的精神享受。如果导游员比较善于唱歌,而且能够抓住恰当的时机用歌唱的形式来表达自己的情感,调动客人的情绪,将会把迎接的氛围推向高潮。这就需要导游员平时注意学唱一些当地民歌和健康的流行歌曲。

范例:

各位来自内蒙古的游客朋友:大家好!欢迎大家来到美丽的海滨城市——烟台!非常高兴能与草原的朋友们结缘。首先请允许小张在这里用一首歌表达我此时的心情:(2008年奥运会《北京欢迎您》的旋律,导游员填词演唱:)

> 我家大门常打开
>
> 开放怀抱等你
>
> 拥抱过就有了默契
>
> 你会爱上这里

不管远近都是客人

　　请不用客气

　　相约好了在一起

　　我们欢迎你

　　我家种着万年青

　　开放每段传奇

　　为传统的土壤播种

　　为你留下回忆

　　陌生熟悉都是客人

　　请不用拘礼

　　第几次来没关系

　　有太多话题

　　烟台欢迎你

　　为你开天辟地

　　流动中的魅力充满着朝气

　　烟台欢迎你

　　在太阳下分享呼吸

　　在黄土地刷新成绩

（在热烈的掌声中使导游和游客间迅速建立了和谐融洽的沟通渠道，拉近了心理距离。）

　　导游员：烟台欢迎您！感谢各位的掌声。一段歌声表达了我和司机王师傅的心意，在接下来的几天，将由我和王师傅陪伴大家度过三天的半岛之旅，在此，让我们把行程中的安全问题交给我们驾驶经验丰富的王师傅，把你的快乐交给小张，我们会尽所能让大家不虚此行！

　　5. 抒情式欢迎词

　　这种欢迎词语言凝练、感情饱满，既有哲理的启示，又有激情的感染，引用名言警句自如，使用修辞方式恰当。这类欢迎词能够激发游客的兴趣，烘托现场气氛，使游客尽快产生游览的欲望与冲动。这种方式不适用于文化水平较低的游客。

　　范例：

　　各位远方的客人：大家好！

　　欢迎您到山海仙境、休闲天堂——烟台！在这里，秦皇汉武东巡留下了千年祭山拜海的祈愿、在这里，17个国家进驻存留着一个世纪以前深厚的中西方文化积淀。这里山海相拥、景色秀丽，有海市蜃楼的奇观、八仙过海的神话、徐福东渡的故事、秦皇射鲛的传说。更有风光旖旎的金沙碧浪、闻名遐迩的蓬莱仙阁、景观奇妙的海上仙山、百年馨香的张裕美酒。朋友们，神秘浪漫的烟台正以山的胸襟、海的情怀热忱欢迎您的到来！小张和刘师傅将在未来的几天中陪伴您一起在这如诗如画的休闲度假天堂度过一个快乐温馨的阳光假期。谢谢大家！

欢迎词的形式是多样的，导游员的个性不同、讲解风格不同，针对不同的游客类型应有灵活多样的欢迎词表达形式。无论用哪种方式，都要做到真情流露，不可虚假敷衍，也不能千人一面。导游员必不可少的是始终做到微笑讲解，微笑能让你更热情、真挚。欢迎词中导游员能有良好的表现，这将会使接下来与游客的交往更顺利，在美好的第一印象基础上，获得意想不到的收获。

范例欣赏

"四面荷花三面柳，一城山色半城湖"。各位游客：大家好！读起清代大诗人刘凤诰这首著名的诗句，大家马上会想起，我们身边这座美丽的城市：山东省会——济南。

济南，是个很有特色的城市，我认为归纳起来有三点：一是它热，是中国的"四大火炉"之一。夏天，最高达三十八九、四十度左右，这主要是由济南独特的地理环境造成的，所以有人叫它"火城"。二是它有泉，我想有火的地方都应该有水吧，济南的七十二泉名扬天下，著名的趵突泉名列榜首。真是："家家涌泉，户户垂柳"。因此，济南又叫泉城。三是济南的街道与众不同。它是用地球上的经和纬来命名的，但咱们都知道在地球上，东西是纬度，南北是经度，而济南城市的街道恰好相反，东西是经路，而南北是纬路，这就是济南的城市特点……

点评：无论是哪种类型的欢迎词，都需要针对游客来设计，除了掌握欢迎词的常规内容外，在与游客的首次见面真诚又适合的开场白一定会投人所好、讨游客喜欢。这篇开场白主要是抓住了济南的三大特点，从刘凤诰的那首诗词开始，简明扼要地说明了济南与众不同的地方，使客人听得清、记得明、懂得快，一下子就记住了济南的特点，因而，弥补了游客未能游览济南市的遗憾。

过程训练

一、创作园

构思设计：

- 开场白
- 主体内容
- 结束语

尝试写作：

欢迎词的开场白，礼貌真诚、热情洋溢、直截了当，让客人在简短的话语中感受到来自异地的温暖。导游员首先要学会根据团队的特征恰当地称呼，散客拼团多用一般称，如：各位游客、各位朋友、各位团友、各位女士们、先生们。称呼中也可以加游客的居住地，如：各位来自广州的朋友们。职业团多用职业称，如：各位老师、各位白衣天使、各位同学。政务团多用职务称，如：各位领导。老年团多用年龄称，如：各位爷爷、奶奶、叔叔、阿姨。称呼应随游客类型的不同有所变化，不能千篇一律，一句恰当的称呼即能拉近导游与游客之间的心理距离。加上温暖的问候，让客人产生亲切感。

欢迎词的主体内容有自我介绍、司机和车辆的介绍以及行程的介绍。在自我介绍中需突出自己的导游身份，语言简洁，便于记忆，讲明游客如何简捷地称呼自己。而在司机的介绍中则要突出对司机驾驶技术的介绍，让游客产生安全感。话语间对司机的尊称还能让游客感受到来自接待团队的合作默契。介绍车辆主要从车型、颜色、车牌号码几个要点展开，方便游客记忆。最后，对行程的介绍主要有吃、住、游、购的大体安排，让客人做到心中有数。

结束语部分主要包含：阐明导游员对本次接待任务的态度，及对本次行程的美好祝愿。

二、讲解练习

1. 仪态练习：学生分列保持基本站姿5分钟，面带微笑，左手持话筒，右手垂放体侧。

2. 分组讲解练习：全班同学分若干小组，各小组同学逐一组内面对小组成员讲解自创欢迎词，教师巡回指导。

3. 各小组选派代表上台展示，教师指导并点评。

效果评估

1. 评价标准

教师讲解评价标准

大项	分项	标　准
态势语	微笑	讲解始终能保持微笑自然
	眼神	目光亲切、自然，与全场人员有目光交流
	手势	手势规范、运用得体，恰到好处
	站姿	姿态标准、挺拔自然
语言能力	发音	能用普通话讲解，发音标准，口齿清楚
	用词遣句	用词恰当，能准确表达内涵
	语言表达	流畅自然、语速适当、音量适中
	口语化	口语化强、通俗易懂，表达自然
	不良口语	无不良口语
	逻辑性	逻辑严密
内容	全面性	内容全面、重点突出、条理清晰
	内容创新	内容生动、有创新

2. 教师分析评价结果：各组代表展示自创欢迎词，教师具体分析

练习场

某日，导游吕向阳在青岛流亭机场迎接一个来自内蒙古的散客拼团，前往青岛栈桥和八大关游览。接站后，将在旅游车上致欢迎词。请设计一篇欢迎词，并练习讲解。

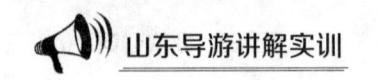

项目四　致欢送词

情境导入

盛夏，正是海滨城市——烟台的旅游旺季。愉快的长岛两日游就要接近尾声了，海岸旅行社的李钰涵带着河南郑州的游客在赶往长岛码头的路上接到了旅行社的电话：原定的15点30分往蓬莱的轮渡因为天气的原因停航，由此郑州的客人今晚极有可能会赶不上由蓬莱飞往郑州的班机。这个消息给客人浇了一盆冷水，给原本很顺利的游程蒙上了一层阴影。就要和客人们说再见了，该以什么样的方式和客人告别呢？这让正在准备致欢送词的小李犯了愁。大家给导游出出主意吧！

能力提升

一、欢送词的内容

欢送词和欢迎词首尾相接、遥相呼应，是旅游活动的"句号"，也是导游接待工作中的一个重要环节。如果你的欢迎词是热情的、精彩的，那么，你在送别客人时给游客的印象则是深刻的、长久的。欢送词往往是把旅游工作者和游客间的感情推到高潮的重要一步，导游员应精心设计，使之神完气足、情真意切，不能虎头蛇尾、轻描淡写。

欢送词的内容基本包括：表示惜别、感谢合作、征求意见、期待重逢、表达美好愿望等。团队类型不同，欢送词应该有所变化，因人、因时、因地使用，不可千篇一律。

二、欢送词的类型

欢送词的常见类型可分为惜别式、道歉式、感谢式、故事式和诗歌式。

1. 惜别式

惜别式的欢送词是常用的方式之一，经过一段时间的游览，导游员和游客之间已经有了一定的认识和了解，彼此结下了情谊。游览结束，游客临行前，导游常常会自然流露惜别情意。

范例 1：

各位团友：大家在山东的七天行程即将结束，七天的游览使大家对山东有了一个大概的印象。七日时光说长不长、说短不短，和睦融洽的相处使我忘记了自己是一个工作人员，在不知不觉中既完成了工作又获得了轻松愉快的体验。在和大家送别的这一刻，我才发现心中真的有许多的眷恋。我会记着各位，记着我们这个团七天的快乐和艰辛，天下没有不散的宴席，也没有永远在一起的朋友，匆匆相聚又匆匆离别。我相信，在不久的将来，我们会重逢在山东这片神奇的土地上，重温友谊的温馨和惬意。最后，再次感谢各位这些天来的合作，祝大家永远健康、快乐。

2. 道歉式

道歉式的欢送词是在带团过程中有失误的情况下，通常是不得已而为之。旅游旺季或在接待过程中，有时难免会出现失误或意外，导游员应以服务客人为先，尽可能消除客人的怨气。利用送团的时机再次重申歉意，既可以说明自己的诚意，又可使客人明白导游已足够重视，对化解客人的情绪是很有益的。但也要提醒导游注意：忌讳致歉语过多或反复强调，做到适可而止就可以了。

范例 2：

朋友们：我们的半岛之旅即将结束，回顾我们这几天的行程，劳累与辛苦、快乐与欢笑一直伴随着大家。然而，最让我感动的是各位的宽容和理解，因为我们这次旅行美中不足的是原定返程的软卧因为客观原因而被迫改乘硬卧，这一点让我觉得很内疚，在我们即将分别之际，我再次向各位真诚地道歉。同时也请大家相信，我不是最好的，但我是最努力的。在这里，诚请各位一如既往地支持我们。最后，祝大家万事如意、一路顺风，希望再次见到各位！

3. 感谢式

感谢式的欢送词是最常见的一种，一般来说，整个行程顺利，导游员的带团过程圆满，在游程即将结束时，送上感谢将会使导游服务锦上添花，让整个游程画上圆满的句号，感谢式的欢送词会在此时收到非常好的效果。在下面的范例中，可以看到一次圆满的旅程离不开一个团队的合作与支持，感谢式的欢送词要做到感谢面面俱到。

范例 3：

各位游客：我们的海滨休闲之旅到这里就圆满结束了，海滨风光是迷人的、海洋文化是丰厚的，而我和大家的这段缘分，也要感恩于海的牵引。在大家即将踏上归途之前，我要感谢大家，正是由于大家的宽容和随和，才使我们的旅途充满了欢欣，也使我的工作变得非常轻松；我要感谢我们的领队先生和全陪小姐，正是由于他们的配合和协助，我们的行程才如此圆满和顺利；我要感谢我的同事司机师傅，正是由于他的安全准时，我们的时间和游览项目才得以保障。让我们大家记住这段欢乐时光。海的故事有很多很多，我真诚地邀请各位如果有机会的话能够再来，让我们再去寻找那些待续的故事，再去分享海上美景吧！谢谢大家！

4. 故事式

故事式的欢送词比较通俗易懂，既能引起客人的兴趣，又能蕴涵一定的人生哲理，值得注意的是：不宜把讲故事作为主题，故事的选择不可流于俗套，故事的叙述千万不能成为流水账，使人感到繁琐、乏味。

范例4：

各位游客：石林游览完了。石林是老区，是山区，是少数民族地区，是风景名胜区，有看不完的美景、流不尽的河，有说不完的故事、唱不尽的歌。火塘边的故事流传了千百万，阿诗玛的故事流传了千百年，是民间故事中家喻户晓、最有名的故事。美丽的阿卓笛地方，阿诗玛像美伊花，白云追逐她的歌声，春风美慕她的舞姿，最爱她的是勇敢善良的猎人、摔跤英雄阿黑哥。阿诗玛是石林文化的中心，是撒尼族人民心中的女神。每天，都有成千上万的人来拜望圣洁美丽的阿诗玛。人们都说，阿诗玛让小孩健康成长，让老人安康长寿，让青年人事业有成，让相爱的人永结同心，请大家接受阿诗玛美好的祝愿，让我们的明天更幸福，生活更甜美。

——节选自李威宏《石林》[《走遍中国》（一）中国旅游出版社]

5. 诗歌式

诗歌饱含着诗人丰富的思想感情与想象，语言凝练，具有鲜明的节奏、和谐的音韵，表达富有激情。诗歌式的欢送词听起来很美，但若表达不好的话容易让人感到很做作。它往往适用于文化素质较高的游客，同时，若想运用得很到位，导游员必须有丰富的日常积累和较高的文化素质，才能运用自如。

范例5：

各位游客：大家好！愉快的旅行就要结束了，但我们的友情却刚刚开始，我随时等待着各位的再次来访，我将等待着同大家一起去领略春的娇嫩和生动、夏的海风和浓荫、秋的收获和深沉，以及冬的冰雪和情趣。浪漫的旅行会让我们重叙前缘。然而，憧憬固然美好，分别却已来到眼前，我想用一首小诗来结束我们的这次旅行，诗的名字叫做《握别》。

惧怕这离别的忧伤
我迟迟不敢伸手

惧怕这离别的惆怅
我久久不肯抽手

但愿这深情的一握
天长地久

但愿这醉心的一握
情韵悠悠……

——摘自陈蔚德《海天片语话导游》

总之，欢送词的内容和形式是多种多样的，在旅程结束时的送别工作圆满收尾，是对整个接待最好的总结。导游员致欢送词选择时机要恰到好处，如果在用词上注意礼貌、态度上做到诚恳，那么欢送词会令人难忘，会是一个成功的、颇具魅力的结尾，会收到余音绕梁的效果。

范例欣赏

各位团友，人们常常把杭州西湖和瑞士日内瓦的莱蒙湖比喻为世界上东西方辉映的两颗明珠，正是因为有了西湖，才使意大利的马可·波罗把杭州比喻为"世界上最美丽华贵的天城"。西湖在我国乃至世界上的地位，用孙中山先生的话来说，就是"西湖的风景为世界所无，妙在大小适中。瑞士湖水嫌其过大，令人望洋兴叹；日本的芦之湖则又嫌其过小，令人一览无余。惟西湖则无此病，诚为国宝"。因此，西湖不仅是杭州的明珠，更是东方的明珠、世界的明珠。

"忆江南，最忆是杭州。山寺月中寻桂子，郡亭枕上看潮头。何日更重游？"这是白居易为颂扬西湖给人留下来的回味无穷的千古绝唱。各位朋友，当我们即将结束西湖之行时，是否也有同感？但愿后会有期，我们再次相聚，满堂陇里赏桂子，钱塘江上看潮头，让西湖的山山水水永远留住您美好的回忆。

——节选自钱钧《杭州西湖》[《走遍中国》（一），中国旅游出版社]，有删改

过程训练

一、创作园

构思设计：

> 总结与回顾
>
> 或感谢或感怀或致歉或惜别……
>
> 祝愿与期待

尝试写作：

一段行程结束，送行中致欢送词，是导游员向游客进行讲解服务的最后环节。如果导游员能够注意真情交流，挖掘游客在游览过程中留下的真情实感，欢送词环节则容易和游客产生共鸣，取得良好的互动。

通常，欢送词的第一部分是总结和回顾游客在游览过程获得的收获，加深游客对景区的理解，产生深刻印象。第二部分则是表达感谢之意，完成一个顺利的行程不是导游一个人的力量可以达到的，它需要游客的配合、司机的努力、全陪和领队的支持，当然更需要旅行社的背后支持，因此，导游员在最后的环节应该一一表达谢意。第三部分内容以导游员向游客表达美好的祝愿和期待重逢来结束欢送词。

二、讲解练习

1. 仪态展示：班级学生分成若干小组，各组上台进行2分钟仪态展示，要求：基本站姿站立，用亲切自信的目光覆盖全班同学，保持微笑。

2. 分组讲解练习：熟记自创欢送词，把小组成员当成游客，有感情地在小组中面对组员讲解欢送词。教师巡回指导。

3. 各小组选派代表上台展示，教师指导并点评。

效果评估

1. 评价标准

教师讲解评价标准

大项	分项	标　　准
态势语	微笑	讲解始终能保持微笑自然
	眼神	目光亲切、自然，与全场人员有目光交流
	手势	手势规范、运用得体，恰到好处
	站姿	姿态标准、挺拔自然
语言能力	发音	能用普通话讲解，发音标准，口齿清楚
	用词遣句	用词恰当，能准确表达内涵
	语言表达	流畅自然、语速适当、音量适中
	口语化	口语化强、通俗易懂，表达自然
	不良口语	无不良口语
	逻辑性	逻辑严密
内容	全面性	内容全面、重点突出，条理清晰
	内容创新	内容生动、有创新

2. 教师分析评价结果：各组代表展示自创欢迎词，教师具体分析

练习场

请以导游员身份向一个上海商务精英团在青岛、威海、烟台三日游结束时致一段欢送词。

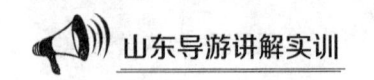

项目五　南山旅游风景区

情境导入

5月18日16点，来自上海的老年团一行12人抵达龙口市，龙口市南山旅行社导游小王接站，当晚入住南山宾馆，第二天由小王带领本团参观南山旅游景区，游览结束后返回烟台，继续进行半岛游。请问小王在南山旅游景区如何进行景区讲解？

南山旅游风景区

设计路线

景区游览

宗教文化园（香水庵→南山禅寺→南山大佛→华严世界→南山道院）→中华历史文化园→南山药师玉佛殿→欢乐峡谷

景点分析

1. 景区描述

龙口是中国优秀旅游城市，为环渤海经济圈中重要的海滨城市。地处胶东半岛北部，依山傍海，自然环境优美、地理位置优越，自古以来，是一个人杰地灵的地方。位于龙口市境内的南山旅游景区，是龙口乃至山东知名景点。南山古称卢山，史书上描述卢山"山色苍秀，水光清沁，青松缀翠，秋柿紫红"。唐代的开国功臣尉迟恭曾经在此修建过道院，宋代皇帝宋神宗曾经亲笔题写山门匾额，明代的最后一位宰相范复粹在这里一住就是 12 年。景区内的南山禅寺、香水庵、灵源观、文峰塔、南山古文化苑等景点系晋、唐、宋、元、明、清代遗迹。古建筑群中的亭榭廊塔，山林水系，依山构造，古朴典雅，迤逦壮观，气势宏伟。近年来，随着南山集团的迅速发展，南山旅游风景区内还建有南山康乐宫、南山宾馆、南山文化会议中心、南山庄园葡萄酒堡等休闲娱乐设施，以及极具挑战的 27 洞南山国际高尔夫俱乐部球场，形成了集度假休闲、旅游观光、餐馆娱乐为一体的会议接待服务体系。南山旅游风景区现为国家 5A 级旅游景区，丰富的宗教文化是景区一大特色，南山大佛是景区最大的亮点，南山集团从无到有、成为中国百强小城镇的发展历程，以及南山产业规模和南山人的小康生活，见证了南山的实力。

2. 明确重点

龙口南山旅游景区共分三大部分：第一部分是宗教文化园，包括宣扬佛教的香水庵、南山禅寺和世界第一锡青铜铸大坐佛——南山大佛，还有宣扬道教的南山道院和灵源观等。第二部分是中华历史文化园，这是一处以朝代为序，以不同风格的建筑群和大量的文化内涵建造的大型主题公园。第三部分是南山主题公园——欢乐峡谷。

本团游客特征为老年人，有一定的生活阅历，对长寿养生、宗教文化和中华历史文化有一定的认识和积淀。而欢乐峡谷的主要吸引对象为年轻团队，故欢乐峡谷不作为本次游览的重点。在宗教文化园中，南山禅寺和南山大佛位置相近，便于游览，且两者佛教文化建筑宏伟、内涵丰富，在南山旅游风景区中特色鲜明，在讲解中我们选择作为重点景点进行讲解。

南山大佛

南山禅寺

  在中华历史文化园中，南山药师玉佛殿以高 13.66 米、重 660 吨恢弘而精美的玉佛，令游人叹为观止，可称为我国室内玉佛的精品之作。不仅渲染了南山佛教圣地的宗教气息，同时在南山旅游景区第二部分中是比较抢眼的景点，把它作为重点景点讲解是极有必要的。

南山药师玉佛

考虑到本团为老年团队，游览时间加返程为一天，必须考虑到游览的节奏需适度放慢，在讲解中我们选择突出南山禅寺、南山大佛和南山药师玉佛殿作为本次游览的重点景点进行讲解。

过程训练

一、创作园

准备阶段：
实地踩线，搜集资料。
构思设计：

- 开场白
  - 欢迎词+景区概述

- 景区讲解
  - 精华景点讲解

- 结束语
  - 综述+欢送词

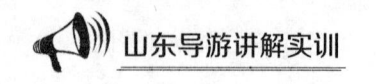

尝试写作：

开场白

　　一篇优秀的导游词，开场往往能起到先声夺人的效果。开场内容除了表达欢迎之意外，对旅游目的地的介绍和欢迎语巧妙结合，是最常见的形式，既能开门见山让游客迅速了解景区所在城市的特色，又能起到宣传旅游目的地的作用。

　　南山旅游风景区坐落在龙口市，提起龙口的名字，自然让人联想起中国龙，这个在传说中被神化的祥瑞之物凝聚着中国人的信仰，是中华民族精神的象征。在开场讲解中如能以龙的话题作为主线，介绍龙口名字的由来，能让游客对这座人杰地灵的城市产生浓厚的兴趣。南山集团作为龙口的龙头企业，在新时期迅速发展的神奇历程，更让游客兴致倍增。开场中自然引出南山集团旗下的南山旅游风景区，以简短的语言从自然环境、文化内涵、景区布局三个角度描述，让游客对景区的概貌有个大体的了解。

景区讲解：

　　南山旅游风景区的三个部分之间有一定的距离，结合本团特点，考虑到老年人的体力问题，不妨在游览前做个铺垫，讲明三部分各自的特色，使游客自觉选择最适合的景点。根据行程安排，本团在龙口逗留时间仅有一天，可以安排游客游览第一部分宗教文化园中的南山禅寺、南山大佛和第二部分中华历史文化园中玉佛殿。据此游览路线可做一定调整：南山禅寺→南山大佛→玉佛殿。以其为线索，每处景观按照观赏的先后为顺序依次讲解。

　　旅游线路上的南山禅寺，过山门后，游览线路有东、中、西三条：中路有天王殿、大雄宝殿、观音殿、藏经阁；东路有钟楼、地藏殿、伽蓝殿、东方三圣殿、准提殿、文殊殿；西路有鼓楼、祖师殿、西方三圣殿、普贤殿。一般从中路游览，依游览顺序，详细讲解天王殿和大雄宝殿。

　　南山大佛是整个景区最大的亮点，在本篇导游词创作中，是最能吸引游客的部分。讲解可以从其宗教文化背景和观赏价值两方面展开，引导游客对南山大佛有全面的了解。游客一般会对其制作和形象产生较多感慨，所以，在讲解中注意和游客之间的互动，互相交流观赏体会，获得更好的共鸣。

　　第二部分中华历史文化园各朝代馆的游览，应考虑到行程时间短、游客体力、知识储备等因素，这部分景点可以有选择性的浏览。讲解重点可放在南山药师玉佛殿，大殿从结构上分为三层，第一层是舍利殿，第二层是檀城殿，第三层是大玉佛殿。依参观游览顺序进行，三层的药师玉佛是讲解中关注的重点，突出南山药师佛整体造型及其室内缅甸玉雕药师佛宏大的视觉效果。

结束语：

一日游行程即将结束，送团前的导游词可以回顾总结游览收获，引导游客回忆在南山游览中了解的宗教文化、目睹的南山人的小康生活、欣赏的南山秀美的自然风光。此外，向老年团的游客表达感谢惜别、征求意见、致歉和祝愿等方面的内容。导游与老年团游客的交流中特别注意礼貌，开口即有笑、开口即有称呼语。称呼语中最常用的是年龄称，温暖真情的礼貌用语和热情耐心的服务是讲解中必须融合的内容。

讲解方法应用：

1. 南山禅寺、南山大佛的游览，应采用突出重点法。南山禅寺讲解中重点介绍大雄宝殿，因为大雄宝殿是整个禅寺的主殿、是核心建筑，规模大，建筑恢弘。南山大佛是南山旅游风景区中具有代表性的景观，作为世界上最大的锡青铜大坐佛，它具有自己的特征，在整个景区中具有典型性，在导游讲解要注意突出这方面特征进行讲解。

2. 关于大佛的制造可以采用问答法，为了避免导游个人从头到尾唱"独角戏"，可以有意识地提出如此巨大的大佛高居山顶，那么它的制造和搬运是怎么实现的呢？这一问题抛出便巧妙地抓住游客的注意力，使游客由被动的听变为主动的参与，以达到活跃气氛、融洽导游与游客之间关系的目的。可以用自问自答法、我问客答法找到答案。

3. 南山大佛和药师玉佛形象介绍中可以采取类比法，与游客互动，以加强此处形象与其他景点所见的不同之处。

二、范例欣赏

尊敬的各位来宾：

欢迎大家来到素有"莱子古城金黄县"之称的龙口市观光旅游。龙口是烟台地区又一个"中国优秀旅游城市"，是环渤海经济圈重要的滨海城市。龙口名字十分特别，它恰合了我们中华民族精神象征——中华龙。说起龙口名字的来历，在民间流传着一种说法：龙口西部海岸线犹如龙的上颌，南侧的河流蜿蜒入海，黄山馆一带的陆地好像龙的下颜，形状恰似龙口，所以叫龙口。龙口是个人杰地灵的地方，自古多出名人，如今南山集团作为龙口的龙头企业，凭借着龙的拼搏精神在渤海之滨创造着集体走上小康路的传奇故事。

各位游客，今天，我们将带领大家游览的是福寿之地、财富之乡的南山旅游景区。南山旅游景区是南山集团早期建立的旅游企业，随着规模的不断扩大，现已成为国家 5A 景区。

大家现在参观的是第一部分——宗教文化园。眼前的这个建筑群是南山禅寺。

南山禅寺前身是龙口市境内最古老、最著名的石泉寺。石泉寺，原称昭庆寺，1999年对石泉寺进行重修，改名为"南山禅寺"。在前方，您看到的是影壁。中间雕刻的是"南无阿弥陀佛"，两侧分别是"法轮常转"、"佛日增辉"的字样。这里的人工河，叫金水河，与之相连的是放生池。过了金水河，我们就要到南山禅寺的大门了。寺院的大门叫山门，亦称三门，即空门、无相门、无作门，象征要追随佛祖"三解脱"，故名"三门"。山门内两侧站着两个威武雄壮的武将，这两尊武将手执宝杵，是守护佛法的天神，一为密迹金刚，一为散脂大将。

进寺院之后可分为三条路线进行游览。中路有天王殿、大雄宝殿、观音殿、藏经阁；东路有钟楼、地藏殿、伽蓝殿、东方三圣殿、准提殿、文殊殿；西路有鼓楼、祖师殿、西方三圣殿、普贤殿。我们从中路游览。

进了山门，在天王殿前左右两侧就是钟楼和鼓楼，钟楼在东，鼓楼在西。正好符合佛教的晨钟暮鼓的要求。

钟楼下面是地藏殿，供奉的是地藏菩萨。"地藏"是梵文的意译。他安忍不动，犹如大地，静虑缜密，犹如地藏，故名地藏。

中线上第一座大殿是弥勒殿，为一座五开间单檐歇山式建筑。弥勒殿正中供奉着一尊"皆大欢喜"弥勒佛。弥勒佛是与释迦牟尼是同时代人，后来随释迦牟尼出家，修习佛法，成为佛弟子。这尊弥勒佛像，你看他袒胸露腹、喜眉乐目、笑口常开，他是源于中国的布袋和尚，转世成为弥勒佛的。此后，人们按布袋的形象塑成了弥勒佛像，供奉在天王殿正中，顶礼膜拜。佛教又称弥勒佛为未来佛，将来要继承释迦牟尼佛位。

弥勒佛背后为一尊韦驮金身塑像。韦驮，又称韦驮菩萨，他是南方增长天王（四大天王之一）手下的八个将领之首。传说韦驮善走如飞，被称为"神行太保"。再看，殿内两侧分列四大天王塑像，四大天王俗称四大金刚。四大天王各护一方天下，手持琵琶的是"东方持国天王"，手执宝剑的是"南方增长天王"，执绢索的是"西方广目天王"，执宝幢的是"北方多闻天王"。民间往往将四大天王手中执持的法宝当作"风调雨顺"的象征。

朋友们，矗立在我们面前的这座宝殿，就是南山禅寺的主殿——大雄宝殿。它取重檐庑殿建筑形式，这在我国宫殿建筑中为最高等级，只在皇宫主殿方允许采用，它气势雄伟、美丽壮观。大雄的意思是大勇士，是佛教教主的德号，也是古印度佛教对释迦牟尼道德法力的尊称。大殿中央供奉的是竖三世佛的金身坐像，从右至左为过去世燃灯佛、现在世释迦牟尼佛、未来世弥勒佛。燃灯佛，又叫"定光佛"。按照辈分，燃灯佛是释迦牟尼的启蒙老师，所以是过去佛。为什么称燃灯佛呢？据说："燃灯出生时，一切身边如灯，故名然（燃）灯太子，亦名燃灯"。大家往两侧看，每侧8尊，是16尊者。十六尊者是释迦牟尼佛的弟子。佛经上说他们是受了佛的嘱咐，不入涅槃，常住世间，受世人的供养而为众生作福田。

在三世佛的后面，是以"童子拜观音"为主体的"善财童子五十三参"海岛主体群塑像，塑有姿态各异大小塑像129尊。立在前面中间的就是观世音菩萨，她手里拿着净水瓶，倒出的净水可以普渡众生。观音像上面，坐在麒麟上的是地藏王，他是新罗国（即现在的朝鲜）的王子削发为僧后，到九华山成道。最上面是释迦牟尼在雪山修道六年的场景。

在观音殿之后的是藏经阁，是供藏经和和尚们学习的地方，不对外开放。

走出南山禅寺，现在我们去参观南山景区最大的亮点——南山大佛。这尊举世罕见的锡青铜大坐佛，高28.66米，重约380吨，连底座高47.46米，莲花座下有三层建筑。底座前面这个台阶共有360级，高58.66米。从底面到大佛头顶，高达102米。如此庞大的坐佛是怎样制成的呢？大佛是由232件佛体、108块莲花瓣、302个发髻，总共642块锡青铜铸件组合而成，内里骨架钢材达120多吨。28.66米有多高，47.46米有多高，102米有多高呢？打个比方，它分别相当于一幢十层、十七层和三十五层楼房的高度。

在中国，高度22米以上的青铜大坐佛共有四尊：一尊是宋朝开宝元年铸造的22米高的河北正定隆兴寺大佛；另一尊是1918年西藏日喀则的扎什伦布寺铸造的26.2米高的"强巴大佛"；第三尊是1990年香港大屿山木鱼峰上耸立的高26.4米的"天坛大佛"。今天我们看到的这尊"南山大佛"超过了"正定大菩萨"、"强巴大佛"、"天坛大佛"，是迄今为止世界上最高的青铜大坐佛！

南山大佛双目垂视、睿智慈祥，不论你靠近或远离，他的眼神都在向你张望。随着人的靠近或远离，眼睛仿佛在微微开合，靠得越近就愈觉得佛祖在关切您一样，他的嘴角似笑非笑，欲言而未语，使人倍感亲切，引发种种遐思和联想。

大家可能注意到大佛的胸前有一个"卍"字，这是古印度宗教的吉祥标志，象征着太阳与火。佛教中以"卍"为佛陀，原来不是个字，唐代女皇武则天时，定其音读为"万"，有人可能还要提出疑问，这"卍"字不是二战时期德国纳粹党的党徽么？其实，二者是有明显的区别的，佛教的"卍"字采用金色，"卐"字会则采取红色，而纳粹党的党徽不光是黑色，而且是斜角形的右旋。现在我给大家讲讲大佛的手势，右手的招手之势，叫做"施无畏印"，表示拔除痛苦。左手放在膝上，掌心向上，叫做"施与愿印"，表示给予快乐，愿普天之下众生都无忧无虑、尽享欢乐。请大家继续往下看。"南山大佛"的坐姿叫做"结跏趺（jiā fū）坐"（盘腿而坐，脚背放在股上，是佛教徒的一种坐法），那么释迦牟尼佛为什么要坐在莲花座上呢？佛经中说，人间的莲花不出数十瓣，天上的莲花不出上百瓣，净土的莲花千瓣以上。莲花出淤泥而不染，表示由烦恼而至清净。莲花开放于炎热的夏季之中，炎热表示烦恼，水表示清凉，莲花为烦恼的人间带来清凉的境界。所有从烦恼中得到解脱而生于净土的人，都是莲花化生的。所以他们或坐或站，都在莲台之上。

各位朋友：我们现在站的位置，正是南山大佛开光仪式的主法台。大佛开光的日子是2004年农历闰二月二十九日（公历4月29日），又果方丈在前开道，后有诸山长老的簇拥，德高望重的中国第一长老、中国佛教协会咨议委员会主席本焕长老为他送座，仪式颇为庄严隆重。

再看这座锡青铜大坐佛，不禁让我们想起宋代大诗人苏东坡的诗句：

稽首天中天，毫光照大千。

八风吹不动，端坐紫金莲。

各位游客，大佛底座的第三层为功德殿，是铭记善信捐建佛、寺功德的殿堂。第二层是万佛殿，殿内供奉9999尊佛，加上刚才我们参观的大坐佛，共计10000尊，故称万佛殿。最底层是佛教文化艺术博物馆。

游客朋友们，现在我们到达了南山药师玉佛殿，在这里我们将看到一些令人称奇的佛教文化精品，同时也能欣赏到绚丽的佛教奇葩。

这座大殿分为三层，第一层是舍利殿，第二层是檀城殿，第三层就是大玉佛殿。现在就请大家随我拾阶而上，好好领略一番吧！

这层殿堂就是舍利殿，中间是十二乘十二米的展台。现在各位对面看到的这尊佛像就是南山大玉佛的应身佛。高1.366米，重约一吨左右。应身佛是指佛的寿命，是说有始有终的意思。其上供奉着舍利塔，舍利就是骨身、灵骨的意思。佛教的经典著作中说："舍利又称坚固子，是佛教徒严持戒律后在圆寂火化时才能形成的物体，非常稀有。"

下面请大家随我乘电梯到檀城殿参观。大家看，电梯两侧展示的是五百罗汉，可以边走边看。

现在我们来到了檀城殿，匾额上刻着大曼荼罗，曼荼罗是梵语的音译，是诸佛、菩萨、圣贤所居之地的意思。这层殿堂展示的是密宗佛教文化。檀城殿正中的佛龛内供奉的佛像是大日如来，大日如来背后供奉的是苏悉地菩萨，他相当于汉传佛教的韦驮菩萨，是护持道场的菩萨。

请大家抬头，可在上方看到十五个金光大字：南无东方琉璃世界药师琉璃光如来，这是药师佛的全称。现在我们就进入玉佛殿。

我们面前的这尊玉佛是东方琉璃世界的教主——药师佛，高13.66米，重660

吨，由缅甸玉雕刻而成。佛像背后的设计是用香樟木雕刻，主要是用有形的物体来表现无形的佛光。佛像上方有半圆形的彩色装饰，七个颜色代表阳光的七原色，表示佛光普照的意思。玉佛殿两侧供奉的是十二天神和手持八宝的八飞天仙女。在玉佛背后供奉的是用阿富汗玉雕刻而成的千手观音像。菩萨的对面是采用脱胎浮雕工艺塑造的东方三圣，中间是药师佛，两侧是日光菩萨和月光菩萨。我们再抬头看，玉佛对面上方墙壁上是一幅大型的壁画，选自法界源流图中的《药师琉璃光佛会》，展现了整个药师家族，十分精美，大家可以慢慢欣赏。

各位朋友，转眼南山景区的游览就要接近尾声了，我真诚地祝福各位：幸福吉祥，一生平安！

(选自《诗情画意山东游》，有删改)

三、讲解活动

1. 阅读南山旅游景区导游词及以上范例，小组讨论

(1) 根据本团行程安排，明确游览讲解的重点为南山禅寺、南山大佛、南山药师玉佛，如何调整游览线路？

(2) 在讲解中如何处理景区中其他景点和以上三个重点景点之间详略关系？

(3) 重点景点南山大佛的讲解顺序是什么？讲解内容有哪些？

2. 教师示范讲解《南山大佛》

3. 小景点模拟讲解练习

将班级同学分成若干个小组，每组约4~5人，教师巡视指导，各小组合作学习"南山集团历史与现状、南山禅寺、南山大佛、玉佛殿"四个模块的内容。并将本小

组以外的同学当作上海老年团游客,以地陪导游身份分别模拟讲解南山禅寺、南山大佛、玉佛殿。做到仪态端庄大方、内容正确、表达流畅、语调亲切自然、语速适中,有一定的现场感。

4. 各小组选派代表上台模拟讲解南山大佛、南山禅寺

效果评估

项目	分数	C（0~3分）标准	得分	B（4~5分）标准	得分	A（6~10分）标准	得分
态势语	礼节	无		一般		礼节得体	
	眼神	眼神局促		覆盖全场		自然覆盖全场	
	手势	没有手势		手势过繁		手势自然得体	
	站走姿	紧张		挺拔自然		挺拔、沉稳、优雅	
语言能力	普通话发音	地方话严重		发音基本标准		发音标准,口齿清楚	
	用词遣句	不恰当		基本恰当		恰当有分寸	
	语言表达	磕磕巴巴		基本流畅		流畅自然、语速适当	
	语音语调	声音小、含糊不清		轻重自然		抑扬顿挫	
导游词内容	重点	知识点不全		重点突出		内容生动、有创新	
	全面	不够全面		比较全面		概括全面	
	条理	不够清晰		比较清晰		清晰明了	
导游讲解	口语化	不够易懂		比较通俗		通俗易懂	
	不良口语	不良口语多		两种以下		无不良口语	
	讲解逻辑性	无逻辑		基本逻辑		点面结合、逻辑性强	
	讲解方法	单一		三种以下方法		八种以上方法丰富	
	生动性	枯燥无味		基本生动		艺术性与趣味性结合	
小组合作	角色分配	一般		不合理		因人而异	
	小组协作	不积极		一般积极		积极主动	

练习场

结合课堂练习，试将四模块内容串联，创作南山旅游景区导游词，并完成全景区导游词理解记忆和讲解。

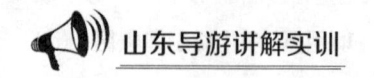

项目六 蓬莱阁

情境导入

有一个来自河南郑州的教师团队，团队成员是由一名学校领导和一位全陪带队，另有18名教师组成。行程安排是从郑州坐火车到达烟台，当天中午到达烟台市区，烟台国旅接站后，换乘旅游大巴赴蓬莱，当晚入住蓬莱仙人酒店，第二天参观蓬莱阁，游览结束后返回烟台，晚上送火车。如何以地陪导游身份，将班级同学当成游客或全陪，在课堂进行蓬莱阁景区模拟讲解？

蓬莱阁景区

设计路线

城墙→登瀛桥→人间蓬莱坊→弥陀寺→万民感德碑→丹崖仙境坊→显灵门→龙王宫→子孙殿→天后宫（戏楼→坤爻石→虎字→福字→寿字→唐槐→天后宫正殿→胡仙堂）→碧海丹心刻石→蓬莱阁主阁→避风亭→主阁北墙刻石→卧碑亭→苏公

祠→宾日楼→普照楼→观澜亭→吕祖殿→三清殿→白云宫门→仙阁凌空→水门→炮台→太平楼→戚继光塑像→登州古船博物馆

景点分析

1. 景区描述

蓬莱是中国优秀旅游城市，也是一个历史悠久的文化名城，位于胶东半岛北端，山海相连，风景秀美。三仙山传说的流传、历代帝王海上求仙活动的兴起，使蓬莱成为中国东方神仙文化的发源地，"蓬莱"二字也成为"仙境"的代名词。蓬莱阁景区古建筑群始建于唐代，坐落在临海的丹崖山上，楼台殿阁分布相宜，寺庙园林交相辉映，为国家级风景名胜区，也是我国首批5A级景区。景区面积为5.8平方公里，主要有龙王宫、天后宫、三清殿、吕祖殿、弥陀寺和蓬莱阁主阁六大建筑单体，房屋100多间。深厚的神仙文化底蕴是蓬莱区别于其他旅游胜地最突出的地方。蓬莱的山海景观是形，神仙文化是魂，相互融合，构成景区的精华。

同时，蓬莱阁与黄鹤楼、岳阳楼、滕王阁并称为全国四大名楼。蓬莱阁上有神话中八仙醉酒的场所，阁北是八仙过海的地方；东侧有上清宫、吕祖殿、普照楼和观澜亭等；西厢为避风亭；天后宫、龙王宫和弥陀寺，这些楼阁错落有致，与蓬莱阁浑然一体，令人目不暇接。

2. 明确重点

蓬莱有独特的神仙文化特色和优美的山海景色，蓬莱阁景区则以其丰富的自然资源及人文资源，为游客提供了一处绝佳的旅游胜地，使游客在"人间仙境"中流连忘返，在神仙文化中浸润身心。建于丹崖山顶的蓬莱主阁，四周山色苍翠、滨海临风，是观海赏景、俯瞰古城的最佳场所，加之八仙醉酒的传说，是游客慕名而来的最佳选择。

蓬莱阁主阁

天后是海峡两岸人民虔诚信奉的海神，北方人称她是"海神娘娘"。蓬莱阁景区的天后宫是蓬莱阁建筑群中规模最大的建筑单体，也是北方天后庙宇中较有名气的一处。沿海渔民信奉渔家生活，离不开天后的庇佑，天后生辰前后，南北方游客和渔家百姓对天后的祭祀活动经久不衰。

天后娘娘

东海之滨海龙王的故事不亚于三仙山传说吸引游客，龙王宫原址在现今蓬莱阁主阁的位置，北宋嘉佑六年（公元1061年），登州郡守朱处约见这丹崖山凭海临风，景致很美，欲建一座蓬莱阁，将龙王宫西迁到现在的位置，龙王宫在蓬莱阁景区中也是最有历史的一处景点。

因此，在讲解中我们选择突出蓬莱阁主阁、龙王宫、天后宫作为重点景点进行讲解。

龙王敖广

东侧站官

西侧站官

过程训练

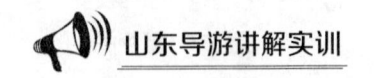

一、创作园

准备阶段：

实地踩线，搜集资料。

构思设计：

前言（称呼与问候、欢迎语）→ 总述（蓬莱城市特色、景区概述）→ 分述（龙王宫、天后宫、蓬莱阁主阁）→ 结尾（欢送词）

尝试写作：

前　言

　　开场白部分，一般包括问候语、欢迎语、介绍语、游览注意事项和对游客的希望五个方面，放在导游词的最前面。可以制造仙境氛围或设置某种游览悬念，为蓬莱阁之行做铺垫。问候语中注意体现出对不同团队的关注，如："来自"河南郑州"、"教师团"等信息，针对性的称呼和问候，容易让游客在异地感受到亲切、温暖。欢迎语中加入"蓬莱和蓬莱阁"的美誉，起到先入为主的作用。

总　述

　　这部分内容，是对游览的景观进行概括性的介绍，介绍它的特色、价值、来源等。也可以概括介绍旅游景点的位置、范围、地位、意义、历史、现状和发展前景等，目的是帮助旅游者对景点先有个总体了解，引起游览兴趣，犹如"未成曲调先有情"。面对这个有一定文化素质的教师团来讲，导游可以借助游客已有的知识，运用问答法讲解蓬莱及蓬莱阁景区的概貌。

分　述

　　对旅游线路上的龙王宫、天后宫、蓬莱阁主阁等重点景观，从景点成因、历史传说、文化背景、观赏价值等方面进行详细的讲解，使旅游者对蓬莱阁景区有一个全面、正确的了解。这是本项目导游词创作中最重要的组成部分，也是最精彩的部分。在这部分中，要对各精华景点逐一加以详细地说明讲解，三个景点均可以依其建筑结构进行讲解，由南向北沿游览线路依次进行。三景点中最具魅力、最为传神的是神仙文化和妈祖文化，在讲解中穿插神话传说和人工建筑的奇特之处，引导游客去欣赏将会让讲解别有情趣。龙王宫的介绍突出迁址历史、正殿内龙王敖广和八位站官的刻画。天后宫是景区内规模最大的建筑单体，在游览中特别注意沿建筑中轴线进行，可以加天后的传奇故事，给讲解增添故事性。蓬莱阁主阁的内容比较丰富，主要涉及如下几个内容详细介绍：碧海丹心刻字、主阁一楼和二楼、避风亭、"海不扬波"刻字、苏公祠。

结 尾

根据游览的实际情况，在游览即将结束时向河南教师团的游客表达欢送词，包含回顾总结游览收获、感谢惜别、征求意见、致歉和祝愿等方面的内容，放在导游词的最后面。

前言和结尾的设计内容应注意首尾呼应、简洁明了，讲解时间不宜过长，导游的真情实感表达，极易和游客产生共鸣。

讲解方法应用：

1. 蓬莱仙境、龙王宫、八仙过海神话传说的讲解都可采用虚实结合法，以引发游客对仙境游览的神秘感。

2. 龙王宫迁址、龙王宫正殿八位站官的介绍、天后宫前殿后墙的"福"、"寿"二字的讲解均可用问答法，起到引起游客关注的作用。

3. 避风亭避风的原因可以运用制造悬念法，容易提高游客的游兴。

4. "碧海丹心"刻字的讲解可用触景生情法，可引起导游与游客间的情感互动，以抒发爱国情怀。

二、范例欣赏

亲爱的游客朋友们：大家好！欢迎大家来到人间仙境——蓬莱。我们蓬莱，自古被誉为人间仙境。在这里，您不仅可以领略仙风海韵，追忆秦皇汉武的寻仙足迹，还可以徜徉于古典园林，了解蓬莱古城的沧桑历史，幸运的话，您还会目睹到天下奇观——海市蜃楼，所以，在我们当地有这样一句话，"身到蓬莱阁，即是活神仙"。也就是说，您今天来到了我们蓬莱，便已经成为仙人了。各位仙人们现在就随我一起走进蓬莱阁景区吧！

蓬莱阁景区是国家级风景名胜区，也是我国首批AAAAA级景区。景区面积为5.8平方公里，古建筑群始建于唐代，主要有龙王宫、天后宫、三清殿、吕祖殿、弥陀寺和蓬莱阁主阁六大建筑单体，现在我们穿过这段明代保留下来的蓬莱水城的东城墙进入城门，我们便进入了蓬莱阁景区。蓬莱阁古建筑群坐落在临海的丹崖山上，蓬莱依山傍海，有山有水，既有仙气又有灵气，既是仙境又是风水宝地，所以道家和佛家争先在此落户。

过了这座登瀛桥，现在您看到的是"人间蓬莱"坊，是景区的大门，也是通往仙境之门。上面"人间仙境"四个鎏金大字是北宋著名文学家苏东坡的手迹。内外两边柱子上分别镌刻着书画名家刘海粟题写的"神奇壮观蓬莱阁，气势雄峻丹崖山"和费新我题写的"碧海仙搓心神飞跃，丹崖琼阁步履逍遥"楹联。这两副楹联，一副描述了千年古建筑蓬莱仙阁的巍峨壮观，另一副则惟妙惟肖地抒发了来仙境游历后梦幻逍遥般的感受。

各位仙人，走过万民感德碑亭，您现在看到的这座木质门坊就是丹崖仙境坊，原来叫"丹崖胜境坊"。"丹崖仙境"四个字，是董必武副主席1964年来蓬莱阁时题写的。因为蓬莱阁坐落在丹崖山上，这里的石头是红褐色的，所以称为"丹崖"。这里常常作为蓬莱标志性的景点，建议大家可以在这里拍照留念。当地老人这样讲：牌坊下面站一站，无灾无难保平安，仙境里面走一走，一生多福又多寿。在这里您可以看见有三座神门，由西向东分别是龙王宫、显灵门、白云宫。显灵门是通往天后宫的山门，白云宫是通往三清殿和吕祖殿的神门。

按照最佳游览路线，我们先往西走，先到龙王宫去参观一下。

龙王宫是蓬莱阁建筑群中最西端的一个单体，这里供奉的是传说中的四海龙王之首——东海龙王敖广。唐代，渔民们便在丹崖极顶（即如今蓬莱阁主阁的位置）建起了龙王庙。北宋嘉佑六年，登州郡守朱处约见这丹崖山濒海临风，景致很美，没有一座蓬莱阁实在是太可惜了，便把龙王宫西迁到现在这个地方，在龙王宫原址修建起巍峨壮观的蓬莱阁，供游人游览。

大家看，这里是龙王宫的前殿，里边供奉的是龙王的两位守门大将，东为定海将军，西为靖海将军。他们一左一右守护着龙王。

这里是龙王宫的正殿。请看这副楹联："龙酬丹崖所期和风甘雨，王应东坡之寿翠阜重楼。"上联是说渔民们在丹崖山上供奉龙王，期望能得到他的保佑，渔民平安，风调雨顺。下联是说苏东坡曾到登州任知府，因看不到海市蜃楼而感到十分遗憾，于是向东海龙王做了祈祷，龙王体念苏东坡的心情，终于显灵，第二天苏东坡果然见到了海市蜃楼。如果各位也想亲眼目睹海市奇观，不妨也效仿东坡先生在此祈祷，没准儿一会儿就可以见到了。

请看，中间端坐的就是四海龙王之首——东海龙王敖广。有客人问我，这龙王的脸为什么会这么黑呢？古时候，每当遇上酷暑天旱，官吏们便带着百姓到这里顶礼膜拜，然后头戴柳条帽高呼"求大雨，求大雨！"还要抬着龙王的木雕像走街串巷，走到哪里两边住户都要端水洒酒，讨个吉利。若酷暑久旱，屡求不应，人们便把龙王爷抬到烈日下暴晒。据说，晒到他也受不了的时候，他就会兴云布雨了。这就是龙王脸黑的原因了。

龙王身边站立的是八位站官。东边第一位是巡海夜叉，他负责夜间在海上巡逻，发现情况，就及时向龙王报告。大家请看，第二位朋友的眼睛特别大，他便是千里眼，顾名思义，他一眼能望到千里之外。后面两位是我们熟悉的雷公和电母。西边第一位站官是赶渔郎，他负责把海中的鱼赶到一起供渔民捕获。第二位是顺风耳，与对面的千里眼是兄弟俩。第三位是风神婆，肩背风口袋，手一松便能狂风大作。第四位是雨神，只要他用柳树枝蘸一下葫芦里的水洒向人间，便会下起绵绵细雨。八位站官分工明确，各负其责，听命于龙王的调遣。

后面还有龙王宫的后殿，里面供奉着龙王和他的两位夫人，在他们身边站立的是八名侍女。

朋友们，过子孙殿往东，我们走进的是天后宫前院。天后宫是蓬莱阁建筑群中规模最大的建筑单体，占地面积为3000多平方米。

南边的这个二层小楼是戏楼，每年的正月十六是天后宫庙会，人们在这里演戏，向海神娘娘感恩，祈祷娘娘保佑平安。

戏楼上有一横额，上写"观止矣"，即为"叹为观止"。意思是看了这里的戏，别处的戏就不需要再去看了。现在，蓬莱阁艺术团的演员们每天都会在这里为游客们演出。

在戏楼两侧各有红褐色巨石三尊，两两相对，排列的形式像天上的三台星座。为此，清代大学者阮元命名此石为三台石，后来，知府张嶽因六石排列形式像易经中的八卦之一坤卦，所以称它为"坤爻石"。这几块"坤爻石"，是当年劈山建阁时特意留下作为点缀的。

现在我们即将步入天后宫的前殿。各位一定都知道，"门当户对"这个成语，那么这个成语是怎么来的呢？其实"门当"指的是门两边的石鼓，人们之所以会用石鼓做门当是因为人们认为鼓声宏阔威严，厉如雷震，有镇宅的作用。"户对"指的是门楣上方或者是两边的砖雕或是木雕。在古代，人们会在这门当户对上面雕刻符合宅第主人身份的精致图案，比如说商贾之家雕刻牡丹，代表着富贵吉祥，而"门当"的大小和"户对"的多少又标志着宅邸主人的财势的重要标志。因此，"门当户对"这个词就逐渐演变成社会观念中人们衡量男女婚嫁条件的一个成语了。

这就是天后宫的前殿。这两位门神一是嘉应，一是嘉佑，是保护天后的神将，传说他们都是天后在莆田湄洲降伏的妖怪。

大家再看这前殿后墙的石刻，这是一个花体"福"字，是五代宋初道士陈抟写的。"福"字是由"田"、"给"、"于"三字组成,意为种好田地,给人幸福。我们当地称它为狗头福,多摹写在影壁上。另一个是草书"寿"字,也是五代道士陈抟写的。后人考证,这个"寿"字是由"富"、"弗"、"林"三个字组成,"寿"被列为五福之首,有这样一个新的说法,那就是:植好林木,富足长寿。

这道门坊叫垂花门,它是由门上两个倒垂的贴金花蕾而得名,是古时皇族或达官显贵内眷居室才有的专用装饰,显得庄重、严谨。据说在古时未经允许,贸然闯入垂花门,必然严惩。由此可见,天后娘娘的地位极高。院内的这棵古树叫唐槐,这棵古老的唐槐距今已有一千多年了,传说当年八仙中的铁拐李与吕洞宾在这里下棋,烈日当头,为了遮阴,铁拐李从他的宝葫芦里取出一颗树种,洒在地上,霎时间长出了这棵大树。因为是仙人种的仙树,所以长盛不衰。此树树心虽然已空,但枝叶仍十分茂盛。清道光年间,天后宫失火,一夜之间烧毁房屋三十余间,唯独这棵树幸免,不能不令人感到神奇。

眼前就是天后宫的正殿了,蓬莱阁的天后宫是我国北方最大的天后宫庙宇之一。正殿主要供奉的是天后的再塑金身。天后是海峡两岸人们虔诚信奉的海神,北方人称她是海神娘娘。人们亲昵地称它为"妈祖",天后姓林,名默,福建莆田湄洲万贤良港人。生于北宋建隆元年(公元960年)三月二十三,卒于雍熙四年(公元987年)九月初九,时年28岁,终身未嫁。传说林默出生之时,红光满室,异气飘香,林默出生后,直到满月都不哭不笑,默默无声。所以她的父亲为她起名为"默"。据《福建通志》记载:林默8岁随老师读书,10余岁喜欢诵经礼佛,并受到老道士玄通的点化,能驱邪救世,民间称她是"灵女"。她常乘席飘行海上救助海上遇险船舶,也有人称她为"龙女"。

传说林默自幼有个怪习惯,每逢海上狂风大作,她便在家中闭目昏睡,醒来后人们问她,她便说到海上搭救遇难的渔民了,但是听的人都笑她痴狂。后来有一天她的父亲和哥哥出海打鱼,途中遇到大风浪,小船瞬间被撕成碎片,这时,林默正在家中昏睡,样子十分吓人,双拳紧握,牙关要紧,浑身大汗淋漓,她的母亲见了,以为女儿被病魔缠身,便轻拍女儿,将她叫醒。林默醒来后痛哭不已,对母亲说"我刚才在海上搭救遇难的父亲和哥哥,左手扯父,右手拉兄,您这么一拍,我右手一松,哥哥就从我手中脱落,掉到海里遇难了。"她的母亲以为女儿在说梦话,并没有在意。第二天,果然见他的父亲独自归来,证实了林默的说法。从此林默一病不起,不久便去世了。当时盛行"五行阴阳"之说,人们认为天属阳,地属阴,海在地上也属阴,而男居阳,女居阴,最大的海神应该是女性,因此更加尊崇林默。

林默死后,历代大臣奏请皇上褒封,皇帝赐的封号步步升级。从宣和四年(公元1122年)"顺济夫人"开始至清道光十九年(公元1839年)封为"天上圣母"

止，历代帝王共襃封了四十一次。康熙、乾隆封"天后"，清光封"天上圣母"，嘉庆封号达30个字："护国庇民妙灵邵应弘仁普济福佑群生诚感咸孚显神赞顺垂慈笃佑天后"。

　　天后身边站的是四个侍女，东西两侧有八名站官。其中有四位海龙王做陪神。这也是蓬莱阁的天后宫与全国各地天后宫的陪神相比，极为特殊的地方。东边的四位有两个海龙王、两名文官，一名文官手持圣旨，下达天帝旨意，另一位手持万法归宗。西侧也有两个海龙王、两名文官，一名文官手持环海司命，为海神娘娘发布命令，另一位手持印盒，管理行文盖章。

　　后殿是天后的卧室。门上的匾额"福锡丹崖"四个字是我国著名书法家费新我先生题写的，（锡通赐）意为天后娘娘把福气赐给每一位来到丹崖山上的人。东西两间设有天后床铺。另外，在这个寝宫的院落里有一个极特别的地方，那就是在东西厢房的屋檐下藏着四句诗。大家感兴趣的话不妨找找看。这是清朝乾隆时登州知府陈葆光写的一首诗的前四句："直上蓬莱阁，人间第一楼。云山千里目，海岛四时秋。"分别砌于四处檐下，两两相对，文序不乱，其独特之匠心，由此可见一斑。

　　朋友们，接下来我们就要登上蓬莱阁主阁了，登阁前，我们先来看看这面"碧海丹心"刻石。"碧海丹心"四个字是国民党爱国将领冯玉祥先生写的。"九·一八"事变后，冯将军以民族大义为重，公开反对蒋介石的不抵抗政策，主张抗日救国，因而受到蒋介石的压制和排斥。他悲愤交加，于1937年5月，偕其老友国民党元老李烈钧来到蓬莱。李烈钧也对蒋心怀不满，力主冯玉祥再度出山，挽救民族危亡。在游览蓬莱阁时，李烈钧书就一联："攻错若石，同具丹心扶社稷；江山如画，全凭赤手挽乾坤"，并请冯将军题写横批，冯玉祥略加思索，信笔写下"碧海丹心"四个大字，抒发了他忠心报国的情怀。后人难忘冯将军的爱国豪情，就把"碧海丹心"单独刻石存留。

　　下面我们拾级而上，您看到的木质建筑就是中国四大名楼之一蓬莱阁主阁。俗话说："山不在高，有仙则名；水不在深，有龙则灵"。这丹崖山并不高，但是因为它有了仙人的传说和仙境的美称，便名扬天下了。蓬莱阁始建于北宋嘉佑六年（公元1061年），至今已有近千年的历史了。蓬莱阁与岳阳楼、黄鹤楼、滕王阁并称为中国四大名楼。如果大家去过江南那三大名楼的话，可能会感觉到蓬莱阁在建筑规模上比它们逊色很多，其实这恰恰体现出了造阁者的巧妙构思。江南三大名楼均地处江湖之滨，地势比较平缓，而建筑必须高大巍峨才能彰显气势。蓬莱阁坐落在丹崖山上，山体本身已有了高度，如果建筑物过于高大，反而显得不协调。它以庄重古朴、自然本真的建筑风格与整个园林相得益彰。而且值得注意的是，蓬莱阁是这四大名楼当中唯一保持原貌、没有经过重建的一座。经历九百多年的风雨洗礼，仍屹立于丹崖山巅。

请看门额上悬挂着清代书法名家铁保手书的"蓬莱阁"匾额，字体雄健浑厚。历经浩劫得以幸免，非常珍贵。阁内是八仙瓯塑浮雕壁画。八仙是我国古代最著名的仙人群体，是蓬莱神仙文化的代表。现在展示在您面前的是六幅八仙浮雕壁画，采用的是我国民间特有的一种工艺美术技法——瓯塑。千百年来，八仙的传说始终是蓬莱众多的神话传说中最亮丽的一笔。正是因为有了蓬莱阁，才有了八仙的驻足停留，而正是因为有了八仙，才使蓬莱仙阁名甲天下，并使蓬莱享有了东方神话之都的美誉。

接下来我们要参观的是蓬莱阁上最神奇的地方——避风亭。避风亭原名海市亭，明正德八年（公元1513年）知府严泰修建。亭子坐南朝北、面向大海，却专避北风，任凭室外狂风怒吼、浊浪滔天，室内也是烛火不惊、纹风不动。为此，著名书画家欧阳中石先生来避风亭时题写了这样一副楹联："面北当风，风力虽狂绝不入；开轩秉烛，烛光故小竟长明。"避风亭为什么有如此神奇的避风效果呢？原因有二：一是由于避风亭的特殊建筑构造。大家请看，避风亭三面都是墙壁，仅在北面有门，空气不能对流，因此形成了气流的死角；二是海风的风速虽然很快，但是当它遇到建筑物的时候，气流就会上升越过建筑物，同时风速也会逐渐地减弱。避风亭下是万仞绝壁，亭门前几米处有弧形城墙遮护，无形中形成了一道特殊的屏障，阻止了风的前进速度，使得风不断地向上升起，越过了避风亭，产生了令人惊异的避风效果。过去人们传说这里有避风珠，而实际上是人工建筑与自然环境的一种巧妙结合。

主阁北墙上的三方刻字"海不扬波"、"碧海清风"和"寰海镜清"中，尤其引人注目的是"海不扬波"四个字，它是清朝山东巡抚托浑布书写的。大家稍有留意就可以发现，这四个字中的"不"字是经过修补的。这有一些来历的，1840年，鸦片战争爆发，山东巡抚托浑布来到蓬莱督办海防。当他登上蓬莱阁，面对一望无际的大海，无限感慨，挥笔写下了"海不扬波"四个字，表达了他希望万里海疆平安无事的心境。可是历史却偏偏与他开了一个玩笑。五十年后的1894年，甲午战争爆发，战火蔓延到了蓬莱，1895年1月18日，日舰炮击蓬莱城，一颗炮弹不偏不倚正好击中这方石刻，幸好是一颗哑弹，只是穿墙而过把大半个不字打飞但没有爆炸，也许是楼上八仙保佑的原因吧，主阁得以幸免，但是"海不扬波"石刻却从此变成了"海扬波"。事实证明，没有强盛的国家和强大的海防，"海不扬波"的愿望只能是一种幻想。"海不扬波"左右两边的两方石刻"碧海清风"和"寰海镜清"，分别是清代书法家鲁琪光和裕德的墨宝，也都十分珍贵。

避风亭东侧的卧碑亭是以这块别致的石碑而得名，经专家鉴定，这块卧碑是北宋大文学家苏东坡的手迹，因而吸引了无数文人学者前来观赏品味。

朋友们，这里是为了纪念苏东坡而建的苏公祠。苏东坡一生仕途坎坷，于北宋元丰八年（公元1085年）被皇帝调到登州任太守。就在他任登州太守前的1079年，刚刚经历了一场牢狱之灾。他水陆兼程来赴任，于十月十五日到了蓬莱。上任五天后，于十月二十日又接到诰命：召还京城任礼部郎中。他来到这里只有短短几天，根据在登州的考察，向皇帝呈上了两本奏折：一是《登州召还状水军议》，建议加强登州海防建设，抗御外患入侵；二是《乞罢登莱榷盐状》，当时官府不允许百姓自己烧盐，而从大连、黄口运盐卖给当地百姓，由于水路运输费用高，所以盐价非常昂贵，由于恶劣天气运输中断，百姓也常吃不到盐。苏东坡写的《乞罢登莱榷盐状》，建议撤销食盐入官专卖，允许沿海百姓自烧自用，减轻百姓负担。皇帝准其所奏，百姓感激苏东坡，便于明代戊寅年（公元1578年）建祠堂纪念。至今，我们当地还流传着这样一句话："五日登州府，千载苏公祠"。

好了，朋友们，今天陪同大家真正走进仙境，让您切身体验仙景的魅力，充分感受仙乡神韵的奇异，我们的仙境之旅就要结束了，大家可以在宾日楼前面对大海，凭栏远眺近山远海的美景。这里既是观海佳境又是观看日出的好地方。让我们尽享这美丽的山水吧！谢谢大家！

（选自《诗情画意山东游》）

三、讲解活动

1. 阅读并讨论

阅读以上范例，小组讨论：

（1）范例中景区大门、丹崖仙境坊、龙王宫、天后宫、蓬莱阁主阁之间是怎样的位置关系？试图示说明。

(2) 在讲解中如何处理景区中景点之间的过渡语？

(3) 重点景点和其他景点应把握好详略得当，在蓬莱阁讲解中，哪些景点可以略讲？

(4) 范例中天后宫正殿院中的唐槐的讲解运用的是虚实结合的讲解方法，其中，虚是什么？实是什么？

2. 教师示范讲解《蓬莱概貌》

3. 分段式模拟讲解练习

在小组活动中，将教师和小组同学当作河南教师团，以地陪导游身份分别模拟讲解龙王宫、天后宫、蓬莱阁主阁。做到讲解仪态端庄大方、内容正确、表达流畅、语调亲切自然、语速适中，有一定的现场感。教师巡视指导。

各小组选派代表上台模拟讲解展示。

效果评估

项目	分数	C (0~3分) 标准	得分	B (4~5分) 标准	得分	A (6~10分) 标准	得分
态势语	礼节10	无		一般		礼节得体	
态势语	眼神	眼神局促		覆盖全场		自然覆盖全场	
态势语	手势	没有手势		手势过繁或机械		手势自然得体	
态势语	站、走姿	紧张，僵硬		挺拔自然		挺拔、沉稳、优雅	
语言能力	普通话发音	地方话严重		发音基本标准		发音标准，口齿清楚	
语言能力	用词遣句	不恰当		基本恰当		恰当有分寸	
语言能力	语言表达	不连贯		基本流畅		流畅自然、语速适中	
语言能力	语音语调	声音小、含糊不清		音量适中，语调亲切		抑扬顿挫、节奏感强	
导游词内容	重点	知识点不全		重点突出		内容生动、有创新	
导游词内容	全面	不够全面		比较全面		概括全面	
导游词内容	条理	不明朗		比较清晰		清晰明了	
导游讲解	口语化	不够易懂		比较通俗		通俗易懂	
导游讲解	不良口语	不良口语多		两种以下		无不良口语	
导游讲解	讲解逻辑性	无逻辑		基本有逻辑		点面结合、逻辑性强	
导游讲解	讲解方法	单一		三种以下方法		三种以上方法	
导游讲解	生动性	枯燥无味		基本生动		艺术性与趣味性结合	
小组合作	角色分配	一般		不合理		因人而异	
小组合作	小组协作	不积极		一般积极		积极主动	

评价说明：

导游讲解评价一般包括：导游员的仪容仪表、态势语、导游词内容组织、讲解能力等方面。在分段式模拟讲解练习中，教师通过巡回指导，指导学生明确讲解标准。

小组代表展示环节，各组评分员依照上表分级标准进行评判。

练习场

结合课堂练习，将蓬莱阁景区分段讲解的各部分串联，完成全景区导游词创作和讲解。

项目七　泰山

情境导入

有一个来自北京的公务员团队，团队成员是由一名单位领导和一位全陪带队，另有18名公务员组成。行程安排是从北京坐动车直达泰安，当天下午到达泰安市区，由泰安阳光国旅接站后，换乘旅游大巴赴泰山，当晚入住泰山脚下东都宾馆，第二天参观泰山，游览结束后直接坐动车返回北京。如何以地陪导游身份，将班级同学当成游客或全陪，在课堂进行泰山景区模拟讲解？

岱顶风光

设计路线

景区游览

岱宗坊→石阶盘道→关帝庙→一天门→孔子登临处坊→天街坊→红门宫→小洞

天→万仙楼→斗母宫→经石峪→总理奉安纪念碑→柏洞与四槐树→壶天阁→回马岭→中天门→斩云剑与"快活三"→云步桥与"御帐坪"→五大夫松及始皇封禅→朝阳洞与对松山→十八盘→南天门→岱顶景观→未了轩→天街→望吴圣迹坊→孔子庙→碧霞祠→大观峰→青帝宫→五岳独尊及周边刻石→无字碑→玉皇顶→日观峰与拱北石→舍身崖与瞻鲁台→仙人桥

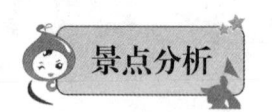

景点分析

1. 景区描述

"岱宗夫如何？齐鲁青未了。造化钟神秀，阴阳割昏晓。荡胸生曾云，决眦入归鸟。会当凌绝顶，一览众山小。"唐代大诗人杜甫的这首《望岳》里，形象地描绘了泰山雄伟的气势。泰山，古称岱宗，它位于山东省泰安市境内，华北大平原的东侧，国家级旅游热线"一山一水一圣人"的中心位置。泰山面积426平方公里，海拔1532.7米。泰山雄伟壮丽，历史悠久，文物众多，以"五岳独尊"的盛名称誉古今。泰山是世界文化与自然双遗产，世界地质公园，是中华民族心目中的"国山"，是中华民族的精神家园。它的自然山体博大，山岳景观壮美，文化积淀深厚，赋含精神崇高，为历代帝王封禅告祭之所，人民大众顶礼膜拜之地，文人墨客歌咏抒怀之处，被誉为"中央之山"、"五岳之首"。孔子晚年以泰山自喻，古人云："泰山岳之孔子，孔子圣中之泰山"。

在中华民族五千年的历史长河中，由于历代帝王封禅和民众朝拜，给泰山留下了极为丰富的人文景观。1982年，泰山被国务院列为第一批国家重点风景名胜区，1987年被联合国教科文组织列为首个世界文化与自然遗产。从此，泰山不仅是中华民族的骄傲，更成为世界人民的共同财富。1991年泰山荣登全国旅游胜地40佳金榜，2006年又被评为世界地质公园。同时，泰山还是中华十大名山之首、中国首座书法名山，并跻身国家首批5A级景区。泰山以其博大精深的历史文化、雄伟壮丽的自然风光，每年吸引着无数国内外游客前来游览。

2. 明确重点

泰山面积426平方千米，海拔1545米，素以壮美著称，呈现出雄、奇、险、秀、幽、奥、旷等诸多美的形象。泰山景区内有著名的黑龙潭、扇子崖、天烛峰、桃花峪等10大自然景观；有旭日东升、晚霞夕照、黄河金带、云海玉盘等10大自然奇观。泰山景观雄伟壮丽，主峰傲然拔起，环绕主峰的知名山峰有112座，崖岭98座，溪谷102条，构成了群峰拱岱、气势磅礴的泰山山系。俯瞰泰山，山南麓自东向西有东溪、中溪、西溪3条大谷；北麓自东而西有天津河、天烛峰、桃花峪3

条大谷，6条大谷溪分别向6个方向辐射，将泰山山系自然地划分成6个不规则区域。6个区域，景观各异，形成了泰山著名的6大旅游区。泰山登山的路有很多，比如泰山后山桃花源，乘坐旅游车可以到达索道站，然后乘缆车可直接到达南天门；泰山西路是从天外村乘坐20多分钟的车到达中天门，然后从中天门坐缆车到南天门，或者选择从中天门步行上山；还有一条是中路，是登山主路，从岱宗坊开始到南天门，全长8.2千米，这条路也是帝王封禅所走的路。这条登山路可选择为本次行程的攀登路线。经石峪、中天门、十八盘、南天门、碧霞祠等文物古迹、风景名胜多集中在这里。沿途林荫夹道，石阶盘旋，泉溪争流，风景优美，"蝉噪林愈静，鸟鸣山更幽"。这条路共有台阶6000多级，沿途有古寺庙8处，碑碣192块，摩崖刻石366处，主要游览景点近20处。故经石峪、十八盘、南天门、碧霞祠作为重点讲解景点。

泰山经石峪

自泰山斗姆宫向东北方向拾级而上约500米，有一片斜坡石坪，石坪上刻有佛教《金刚般若波罗蜜经》经文。经石峪金刚经石刻与秦泰山石刻、唐玄宗纪泰山铭摩崖一起堪称我国石刻之瑰宝。把佛经刻在摩崖上、岩洞里的情况是普遍的，而刻在露天石坪上的尚不多见。经石峪《金刚经》每行字数不等，最长的一行48字，短的一行9字，共44行、现存1069个字，是目前我国最大的佛经石刻。在面积两千多平方米的缓坡石坪上，刻着《金刚经》的一部分，共有2799字，字径50厘米，每字斗方之大，再加上间隔，铺展开来场面壮观，如此宏篇巨制为世上所仅有。康有为赞誉石刻为"榜书第一"，历来被视为"大字鼻祖"、"榜书之宗"。

泰山有3个十八盘之说：自开山至龙门为"慢十八"，再至升仙坊为"不紧不慢又十八"，又至南天门为"紧十八"，共计1630余阶。"紧十八"西崖有巨岩悬空，侧影似佛头侧枕，高鼻秃顶，慈颜微笑，名迎客佛。十八盘岩层陡立，倾角70°~

80°，在不足1千米的距离内升高400米，是登山路上最险峻的一段。

泰山十八盘

碧霞祠是一组宏伟壮丽的古代高山建筑群，也是泰山极顶最大的建筑群。碧霞祠最具特色的是主体建筑碧霞元君殿，殿顶由360垅铜瓦组成，明朗的铜瓦在阳光的照射下金光四射，增添了许多神秘气氛。碧霞祠古建筑群选址巧妙，是我国古代高山建筑的典范，以其高超的建筑艺术受到了建筑学界的高度称赞，是同类建筑中独具一格的神品。

泰山碧霞祠

过程训练

一、创作园

准备阶段：

实地踩线，搜集资料。

构思设计：

前言（·称呼与问候 ·欢迎语） → 总述（·泰安城区特色 ·景区概述） → 分述（·一天门 ·经石峪） → 结尾（·回顾与总结 ·欢送词）

尝试写作：

前　言

泰山是五岳之首，是历代帝王封禅祭祀的圣地。相传上古时期就有72代君王曾封禅泰山。自秦至清，史籍上确切记载的到泰山封禅祭祀的皇帝共有12位。有秦皇汉武、唐宗宋祖，仅乾隆皇帝就到过泰山10次之多。通过封禅的介绍，为泰山之行做铺垫。问候语中注意体现出对不同团队的关注，如：来自"首都北京"、"公务员"等信息，针对性的称呼和问候，容易让游客在异地感受到亲切、温暖。欢迎语中加入"好客山东"的美誉，起到宣传山东旅游品牌的作用。

总　述

在中华文明五千年的历史长河中，由于历代帝王封禅和民众朝拜，给泰山留下了极为丰富的人文景观，使泰山成为"华夏文化"的缩影。泰山在1982年就被国务院评定为全国首批重点风景名胜区，1987年12月被联合国教科文组织评定为世界首个文化与自然双重保护遗产，从此，泰山不仅是中华民族的骄傲，更成为世界人民的共同财富。时至今日，泰山的魅力有增无减。1991年被列入中国旅游胜地四十佳，1998年被确定为全国首批文明风景旅游区示范点，2006年又被评为世界地质公园，同时还是"中华十大名山之首"、中国首座书法名山，并跻身国家首批5A级景区。

融人文景观与自然景观于一体的泰山是中国四大名山中最富盛名的一座。泰山地处山东省中部，其巅峰位于泰安市北面，海拔1545米，玉皇顶为峡谷和险峰所环绕，一阶石梯直通南天门，登山远眺，山外有山，境外有景，令人称叹不已。山上有无以计数的奇石、清瀑、古松、庙宇、楼阁石桥、高桥、殿堂以及历代文人雅士和书法家所留下的时刻碑文，令游人目不暇接、叹为观止。通过对泰山景区进行概括的介绍，让旅游者对景点先有个总体了解，引起游览兴趣。面对这个有一定文化素质的公务员团来讲，导游可以借助游客已有的知识，运用问答法讲解泰山景区的概貌。

分 述

对旅游线路上的经石峪,主要从历史成因、观赏价值进行讲解;中天门、南天门从景点成因、历史价值进行讲解;十八盘主要从形成原因及观赏价值进行讲解;碧霞祠从历史传说、文化背景、社会价值等方面进行详细的讲解,使旅游者对泰山景区有一个全面、正确的了解。这是本项目导游词创作中最重要的组成部分,也是最精彩的部分。在这部分中,要对各精华景点逐一加以详细地说明讲解,把各景点中最具魅力、最为传神的文化内涵挖掘出来,引导游客去欣赏、去品味。讲解一般以登山路线为线索,以观赏的景物先后为顺序,一个景观为一个相对独立的片断,片断与片断之间以常用口语承上启下,自然地进行过渡。

结 尾

导游词最后一部分,根据游览的实际情况,在游览即将结束时向北京的游客表达,包含回顾总结游览收获、感谢惜别、征求意见、致歉和祝愿等方面的内容。

前言和结尾的设计内容应注意首尾呼应、简洁明了,讲解时间不宜过长,导游讲解注意真情实感表达。

讲解方法应用:

1. 碧霞元君传说、五大夫松的讲解都可采用虚实结合法,以引发游客对泰山游览的神秘感。

2. 十八盘、经石峪讲解均可用问答法,起到引起游客关注的作用。

3. 经石峪的解说可以运用画龙点睛法,让游客一目了然。

4. 泰山刻字的讲解可用触景生情法,可引起导游与游客间的情感互动,以抒发热爱祖国大好河山的壮美情怀。

二、范例欣赏

各位女士、先生,大家好:

欢迎大家来泰山旅游!我是大家这次泰山之行的导游,我姓王,名燕。在旅游期间,大家有什么意见和建议尽管向我提出来,我会尽量满足大家的要求。希望大家在泰山游览中能有所收获,并留下一份美好的记忆。

"岱宗夫如何?齐鲁青未了。造化钟神秀,阴阳割昏晓。荡胸生曾云,决眦入归鸟。会当凌绝顶,一览众山小。"唐代大诗人杜甫的这首《望岳》里,形象地描绘了泰山雄伟的气势。泰山,古称岱宗,它位于山东省泰安市境内,华北大平原的东侧,国家级旅游热线"一山一水一圣人"的中心位置。泰山面积426平方公里,海拔

1532.7米。泰山雄伟壮丽，历史悠久，文物众多，以"五岳独尊"的盛名称誉古今。

在中华民族五千年的历史长河中，由于历代帝王封禅和民众朝拜，给泰山留下了极为丰富的人文景观。1982年，泰山被国务院列为第一批国家重点风景名胜区，1987年被联合国教科文组织列为首个世界文化与自然遗产。从此，泰山不仅是中华民族的骄傲，更成为世界人民的共同财富。1991年泰山荣登全国旅游胜地40佳金榜。2006年又被评为世界地质公园。同时泰山还是中华十大名山之首，中国首座书法名山，并跻身国家首批5A级景区。泰山以其博大精深的历史文化、雄伟壮丽的自然风光，每年吸引着无数国内外游客前来游览。

泰山的特点可以用几个字来进行简单的概括：稳，古，美。

说到【稳】，泰山的杂岩有25亿年的历史，是世界上最古老的岩石之一，对于中国元古代地质构造有很重要的科学价值。泰山石在民间也便有了非常重要的意义，稳如泰山！重如泰山！后来呢，岳父也被尊称为泰山。

说到【古】，泰山至今保护较好的古建筑群有22处，总建筑面积达14万多平方米。泰山刻石有2200多处，被誉为"中国摩崖刻石博物馆"，泰山古树名木繁多，泰山百年以上的古树名木3万余株，被誉为"活着的世界自然遗产"。

泰山素以【壮美】著称，泰山景区内有著名的黑龙潭、扇子崖、天烛峰、桃花峪等10大自然景观；旭日东升、晚霞夕照、黄河金带、云海玉盘是泰山10大自然奇观中久负盛名的四绝。泰山的美呈现出雄、奇、险、秀、幽、奥、旷等诸多形象。

伴随着历代帝王的封禅祭祀，泰山成了各种宗教流派活动的重要场所。那么什么叫封禅？所谓封，就是在山顶筑一个平台，增天之高，表示归功于天；所谓禅，就是在山下找一座小山，在山上筑一个平台，增大地之厚，以报答大地的恩德。这种现象在国内其他名山大川是少见的，并且不是所有的皇帝都有资格来封禅，只有易姓而起的开国皇帝或者功高盖世的皇帝，并且要有祥瑞出现，他们才有资格来封禅。

从岱庙开始，经岱宗坊、一天门、红门、中天门、升仙坊至南天门、是古代皇帝封禅泰山所走过的路，全长8.2千米，文物古迹、风景名胜多集中在此，现在被人称为"登天景区"，也称中路。这条路共有台阶6600多级。

大家可能在山下注意到了巍峨的岱庙前，还有一座较小的庙宇，这就是"遥参亭"，是当年皇帝封禅泰山的起始点。

正阳门内就是岱庙了，这是一个神奇的地方。首先，它的围墙与一般庙宇不同，围墙长1300米，5层基石，上砌大青砖，高约10米，共有8座门：正中为正阳门，是岱庙的正门。过了仁安门，便是雄伟高大的宋天贶殿，是这座庙宇的主体。天贶殿为重檐庑殿顶，面阔9间，进深5间，通高23.3米，与故宫太和殿、孔庙的大成殿并称为中国的三大殿,在三大殿中它的建筑年代最久远。殿内正中端坐的是东岳大帝——泰山神。神龛上方有清康熙皇帝的"配天镇坐"巨匾。殿内东北西三面墙绘有《泰山神启跸回銮图》。

朋友们,现在我们沿中路登山,这里一连三座跨道牌坊依次登起,第一座牌坊是"一天门",第二座是"孔子登临处坊",第三座是"天阶坊"。

泰山自古就被视作"天"的象征,登山的路上,一共有3座天门,此处为登山初步的"一天门",半山腰的中天门又被称为"二天门",而在山顶的南天门则是"三天门"了。过了一天门,就意味着我们已经脱离凡尘世俗,进入了天庭仙界,开始了升仙的历程。

这里小洞天(醉心石)不仅风景优美,还有世界上独一无二的地质奇观,举世罕见的泰山地质景观,学名为"辉绿玢岩涡柱构造",曾被列为国家自然科学基金研究项目,目前这种构造仍然是世界上唯一发现。

大家看这大片石刻,这叫经石峪,因内有大片石刻佛教经文而得名。经石峪位于两峰之间的谷底,一大片平滑的石头平铺开来,上面刻满了佛教《金刚般若波罗蜜经》,共计44行,每行125字或者10字不等,共有2799字,字径50厘米。石刻历经千余年风雨剥蚀,现在仍存经文41行、1069字。清代康有为赞誉石刻为"榜书第一"。

这里就是泰山有名的十八盘了,是泰山的主要标志之一,也是最险要的一段。古老的造山运动造就了泰山南麓阶梯式上升的三个断裂带,十八盘岩层陡立,倾角为70°~80°,在不足千米的距离内海拔陡然上升400多米,使得这一层地带与四周群峰产生强烈对比,犹如宝塔之刹,形成了"通天一柱"的气势!

南天门为十八盘的尽头,像一颗熠熠生辉的红宝石镶嵌在岩石之间。我们现在已置身"天界"了,虽然我们并没有成仙,但我们在这里领略到了"登泰山而小天下"的豪迈。

朋友们,出南天门东折,即为天街。天街,天上的街市,多富有诗意的地方。

天街最东端就是碧霞祠了。位于岱顶的碧霞祠的建筑精巧、选址巧妙,被誉为我国古代高山建筑的典范。在2500平方米的地方,建起了山门、正殿、配殿、3座神门等,还有照壁、歌舞楼、御碑亭……因处高山之巅,为御疾风,殿为铜瓦、碑为铜铸,金光闪闪,俨然天上宫阙。人们到这里来进香,并不感其小而觉其大,神圣感油然而生。碧霞祠内供奉的是碧霞元君,在民间被称作"天仙玉女碧霞元君",是百姓心目中的泰山主神,也被老百姓亲切地称作"泰山老奶奶"。

沿大观峰西侧盘道而上,至最高处,那些一路上看似走不完的石阶终于到了尽头,这里就是泰山的极顶——玉皇顶了。玉皇庙院中央有一块"极顶石",卧在一圈石栏中，表面粗糙，如果在别处，将是一块最普通不过的石头了，但是在这里，它的旁边有碑恭敬地写着："泰山极顶1545米"（原测量数据）。根据地质学分析，就是它，在3000万年前从海槽中率先拱起，它根植于1万米的地壳深处；就是它，有着数百平方公里的基座，整座大山在托举着它，使它高耸云天，以致玉皇庙中的玉皇大帝简直就成了它的守护神。

朋友们，一天的行程已经结束。希望大家能再来泰山。谢谢大家！

（选自《诗情画意山东游》，有删改）

三、讲解活动

1. 阅读并讨论

阅读以上范例，小组讨论：

(1) 泰山曾获得哪些荣誉称号？

_____

_____

(2) 泰山碑文石刻特别多，如何进行碑刻的讲解？请举例说明。

_____

_____

(3) 重点景点和其他景点应把握好详略得当，在泰山讲解中，哪些景点可以略讲？

_____

_____

(4) 什么是封禅？请简述泰山历代帝王的封禅历史。

_____

_____

2. 教师示范讲解：泰山封禅大典

3. 分段式模拟讲解练习

在小组活动中，将教师和小组同学当作北京公务员团，以地陪导游身份分别模拟讲解经石峪、中天门、十八盘、南天门、碧霞祠。做到讲解仪态端庄大方、内容正确、表达流畅、语调亲切自然、语速适中，有一定的现场感。教师巡视指导。

4. 各小组选派代表上台模拟讲解展示

效果评估

项目	分数	C (0~3分) 标准	得分	B (4~5分) 标准	得分	A (6~10分) 标准	得分
态势语	礼节10	无		一般		礼节得体	
	眼神	眼神局促		覆盖全场		自然覆盖全场	
	手势	没有手势		手势过繁或机械		手势自然得体	
	站、走姿	紧张，僵硬		挺拔自然		挺拔、沉稳、优雅	
语言能力	普通话发音	地方话严重		发音基本标准		发音标准，口齿清楚	
	用词遣句	不恰当		基本恰当		恰当有分寸	
	语言表达	不连贯		基本流畅		流畅自然、语速适中	
	语音语调	声音小、含糊不清		音量适中，语调亲切		抑扬顿挫、节奏感强	
导游词内容	重点	知识点不全		重点突出		内容生动、有创新	
	全面	不够全面		比较全面		概括全面	
	条理	不明朗		比较清晰		清晰明了	
导游讲解	口语化	不够易懂		比较通俗		通俗易懂	
	不良口语	不良口语多		两种以下		无不良口语	
	讲解逻辑性	无逻辑		基本有逻辑		点面结合、逻辑性强	
	讲解方法	单一		三种以下方法		三种以上方法	
	生动性	枯燥无味		基本生动		艺术性与趣味性结合	
小组合作	角色分配	一般		不合理		因人而异	
	小组协作	不积极		一般积极		积极主动	

评价说明：

导游讲解评价一般包括：导游员的仪容仪表、态势语、导游词内容组织、讲解能力等方面。在分段式模拟讲解练习中，教师通过巡回指导，指导学生明确讲解标准。

小组代表展示环节，各组评分员依照上表分级标准进行评判。

练习场

结合课堂练习，将泰山景区分段讲解的各部分串联，完成全景区导游词创作和讲解。

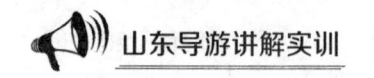

项目八　刘公岛

情境导入

有一个来自山西太原的夏令营旅游团，团队成员是由两名学校老师和一位全陪带队，另有28名小学生组成。行程安排是从太原坐火车到达烟台，当天上午到达烟台市区，烟台康辉旅行社接站后，换乘旅游大巴赴威海刘公岛参观游览，游览结束后返回烟台，第二天进行其他行程。如何以地陪导游身份，将班级同学当成游客或全陪，在课堂进行刘公岛景区模拟讲解？

刘公岛全景

中国甲午战争博物馆陈列馆

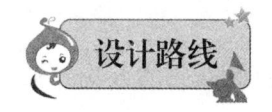

设计路线

码头→旅游轮渡→中日甲午战争博物馆（北洋海军提督署水师衙门→龙王庙→丁汝昌寓所→威海水师学堂→铁码头）→中日甲午战争博物馆陈列馆→博览园（刘公文化区→民俗文化区→甲午文化区→望海楼→英租威海卫历史博物馆→鲸馆）→国家森林公园

景点分析

1. 景区描述

刘公岛横亘于山东半岛最东端的威海湾口中央，距市区旅游码头 2.1 海里，乘游船 20 分钟便可到达。小岛横卧东西，安静恬然，形似卧在海湾怀抱中熟睡的婴儿，又像一艘大船停泊于碧波之中，因其地势扼海防之要，有"东隅屏藩""不沉的战舰"之称，是威海市的海上天然屏障，在国防上有极其重要的地位。刘公岛北陡南缓，东西长 4.08 千米，南北最宽处 1.5 千米，最窄 0.06 千米，海岸线长 14.95 千米，面积 3.15 平方千米，最高处旗顶山海拔 153.5 米。岛东碧海万顷，烟波浩渺，岛西与市区隔海相望。北坡峭壁直立，多处适于垂钓；南坡平缓绵延，是天然的海水浴场。全岛植被茂密，郁郁葱葱，以黑松为主，多达 1.8 平方千米（2700 余亩），森林覆盖率达到 87%，素有"海上仙山"和"世外桃源"的美誉。

1888 年，北洋海军成军时，在岛上设电报局、水师学堂、建北洋海军提督署、铁码头，成为中国近代第一支海军"北洋水师"的诞生地。光绪二十年（1894 年），中日甲午战争爆发，北洋舰队在刘公岛全军覆没，之后刘公岛被英国强租42年，成为英国皇家海军远东舰队的疗养避暑胜地，岛上至今还留存着英国强租时期的遗迹，很多欧式建筑掩映在绿树红花当中。1985年刘公岛被命名为首个"海上国家森林公园"，并于同年对外开放。1999年刘公岛被建设部命名为"国家文明风景区"。2010年刘公岛被评为全国第二批5A级旅游区。2012年被评为首批全国低碳旅游示范区。

如今，刘公岛已成为著名的旅游观光地和爱国主义教育基地。岛上有江泽民题写的"中国甲午战争博物馆"牌坊；有北洋水师提督署和丁汝昌寓所旧址；有功不可没的北洋水师铁码头和古炮台；有纪念甲午英烈的北洋水师忠魂碑；有保持原始风貌的国家森林公园；有综合性的集刘公文化、甲午文化和英租遗迹于一体的刘公岛博览园。其中中国甲午战争博物院收藏大量珍贵文物，从海底打捞的水师巨型舰炮重20多吨，世界仅存，令人叹为观止。馆内通过文物、图片、蜡像、沙盘、模型等多种形式，生动再现了当年北洋水师及甲午战争的历史面貌，使人如临其境。

2. 明确重点

刘公岛是著名的旅游观光地和爱国主义教育基地。史载东汉末年，有刘氏皇族一支因避曹氏迫害而迁居岛上。因为经常搭救和接济遇险船民，船民和岛上百姓为了纪念刘公、刘母，便建造了一座刘公庙，庙中塑有刘公、刘母像，南来北往的船只，每行至岛前，船民必登岸前去祈祷祭祀，刘公岛因此得名。

中国甲午战争博物馆

中国甲午战争博物馆是一处遗址类博物馆，以北洋海军提督署、水师学堂等清代建筑为主体，真实再现了当年北洋水师及甲午战争的历史原貌，先后被公布为"全国青少年教育基地"、"爱国主义教育基地"、"爱国主义教育示范基地"。

中国甲午战争博物馆于 1985 年开馆，馆址设在刘公岛北洋海军提督署（俗称水师衙门），里面收藏大量珍贵文物，从海底打捞的水师巨型舰炮重 20 多吨，世界仅存，令人叹为观止。馆内通过文物、图片、蜡像、沙盘、模型等多种形式，生动再现了当年北洋水师及甲午战争的历史面貌，使人如临其境。

中国甲午战争博物院陈列馆是全面展示中日甲午战争历史的综合性展馆。通过珍贵历史图片、场景还原、3D 影视、声光电与多媒体复合等多种手段，生动展示了黄海大战、威海卫保卫战等战争场面。主体建筑由中科院院士彭一刚教授设计，入选"20 世纪中华百年建筑经典"。该馆综合运用先进的陈列展示手段，代表了当今陈列馆展览的最高水平，融真实性、可观性、参与性、趣味性于一体，极具视觉冲击力、精神震撼力和感染力。

位于刘公岛博览园内的中华海坛是为纪念甲午战争 110 周年而建的。正前方的石壁上是 56 条石雕飞龙，象征着中华 56 个民族一脉相连、团结一致。海坛上方巍巍耸立的就是定海神针。它的神圣使命在于"镇海"，同时也寄托着中华民族祈盼和平的美好愿望。刘公岛是北洋海军的成军地，是甲午战争的古战场，也是海权丧失、国门沦陷的见证地。而今在这里兴建雄伟壮观的中华海坛，意在向世人昭示：中华民族的万里海疆固若金汤，保卫着我们伟大的祖国繁荣昌盛，永远屹立于世界强国之林。

中国甲午战争博物馆、陈列馆、中华海坛，这些景点生动再现了当年北洋水师、甲午战争以及被外国人欺辱的历史面貌，使人如临其境，让我们永记国耻、奋发图强。

这几个景点地是我们参观讲解的重点部分。因此，刘公岛的游览可以把重点定为中国甲午战争博物馆、陈列馆、中华海坛。

中华海坛

中国甲午战争博物馆陈列馆雕塑

过程训练

一、创作园

准备阶段：

实地踩线，搜集资料。

构思设计：

前言（称呼与问候、欢迎语）→ 总述（威海城市特色、景区概述）→ 分述（甲午战争博物馆、陈列馆、中华海坛）→ 结尾（回顾与总结、欢送词）

尝试写作：

前　言

　　刘公岛不仅仅是个岛，这个 3.15 平方公里的小岛承载着太多的历史积淀。这句话放在导游词的最前面，可以制造爱国氛围或设置某种游览悬念，为刘公岛之行做铺垫。问候语中注意体现出对不同团队的关注，如：来自"山西大同"、"夏令营"等信息，针对性的称呼和问候，容易让游客在异地感受到亲切、温暖。欢迎语中加入"威海和刘公岛"的美誉，起到先入为主的作用。

总　述

　　刘公岛不仅仅是个岛……
　　它宛如一颗璀璨的明珠镶嵌在碧波荡漾的威海湾内，
　　它是大自然和人类历史馈赠的宝贵财富。
　　这里，可上溯千年前的战国遗风；
　　这里，传颂着刘公、刘母扶危济困的善行义举；
　　这里，是中国近代第一支海军——清朝北洋水师的诞生地；
　　这里，是中日的主战场；
　　这里，被英国强租42年，是闻一多先生笔下的"七子"之一；
　　这里，是全国第一个海上森林公园、首批国家海洋公园；
　　这里，是世界最大上岸抹香鲸的安居地；
　　这里，是国宝大熊猫"竹灵""宁宁"的幸福乐园；
　　这里，是台湾岛宝"繁星""点点""喜羊羊""乐羊羊"的第二故乡；
　　这里，是国家级风景名胜区、全国红色旅游经典景区、国家5A级旅游景区……
　　3.15平方公里的刘公岛承载着太多的历史积淀。
　　1985年，封闭了近半个世纪的军事禁区刘公岛，裹挟着大海的激情，向世界张开美丽的怀抱。历经20年风雨洗礼，新世纪的刘公岛已成为国家文明风景名胜区和全国著名的爱国主义教育基地。
　　用这样一段诗词，对刘公岛进行概括的介绍可使游客对刘公岛景点的位置、地位、意义、历史、现状等一目了然。面对这个有较少历史知识的夏令营团来讲，导游可以借助游客仅有的知识，运用问答法讲解刘公岛景区的历史。

分　述

　　对旅游线路上的中国甲午战争博物馆，我们主要从历史成因、景观价值、发展背景进行讲述；陈列馆则从景点成因、历史背景、景观欣赏价值等方面进行详细的讲解，使旅游者对刘公岛景区有一个全面、正确的了解。这是本项目导游词创作中最重要的组成部分。在这部分中，要对甲午战争博物馆、陈列馆、刘公岛博览园内的各精华景点逐一加以详细地说明讲解，把几个景点中最具历史感、最能激发爱国情感的内容挖掘出来，引导游客去欣赏、去感悟。讲解一般以游览路线为线索，以观赏各馆的先后为顺序，一个景观为一个相对独立的单元，各馆之间以常用引导词承上启下，自然地进行过渡。

结 尾

根据游览的实际情况，在游览即将结束时除了要讲好欢送词的几个基本内容以外，还要向学生游客表达强烈的爱国情怀：没有强大的国防，就没有人民的安定生活。国家兴亡，匹夫有责。每一个学生都应该有一个信念，那就是：不忘国耻，为了民族的崛起而认真读书！

讲解方法应用：

1. 刘公文化区、龙王庙的讲解都可采用虚实结合法，以引发游客对刘公岛游览的神秘感。

2. 中华海坛的讲解可用问答法和突出重点法，起到引起游客关注的作用。

3. 刘公岛概况可以运用画龙点睛法，容易提高游客的游兴。

4. 甲午战争博物馆讲解可用触景生情法，可引起导游与游客间的情感互动，以抒发强烈的爱国情怀，引导小学生树立爱国意识。

二、范例欣赏

各位游客：

大家好，欢迎大家来威海旅游！我是康辉旅行社的导游姐姐，今天将由我陪同大家完成这次刘公岛之旅。小朋友们，如果有什么好的建议尽管向我提出，我会为大家提供满意的服务。在这里我希望小朋友们能够遵守我们的安全约定，顺利完成游览任务哟。

刘公岛横亘于山东半岛最东端的威海湾口中央，距市区码头2.1海里，乘游船20分钟便可到达。作为中国近代海军的摇篮和中日甲午战争的战场而扬名海内外，素有"不沉的战舰"之称。全岛总面积3.15平方公里，东西长4.08公里，南北最宽处1.5公里，与南北两岸的小岛形成"二龙戏珠"之势，自古就有"东隅屏藩"之称。刘公岛地势北高南低，最高点旗顶山海拔153.5米，北坡陡峭，海岸悬崖峭壁；南坡平缓，山体连绵起伏。全岛植被茂密，森林覆盖率达到87%，素有"海上仙山"和"世外桃源"的美誉。1985年被命名为首个"海上国家森林公园"，并于同年对外开放；2010年被评为全国第二批5A级旅游区；2012年被评为首批全国低碳旅游示范区，可谓光环闪耀。

大家可能会问为什么会叫它刘公岛呢？这个名字的由来有两种说法：一是传说东汉末年刘氏皇族的一支人，不堪曹魏政权的迫害，逃到了岛上避难，他们在岛上垦荒种地，生活逐渐安定富足，此岛渐渐地被称为"刘氏别业"，后又被称为刘公岛。另一种说法是传说岛上有一对姓刘的神仙夫妇，他们经常为迷途的航船导航，受其帮助的人们为了感谢刘公夫妇在岛上修建了刘公、刘母祠，并把此岛取名为刘公岛。另外，岛上还有两大怪事：一是刘公岛上的居民没有一户姓刘的，二是岛上的居民没有一户以捕鱼为生的。因为刘公岛几经战乱，岛上的居民多次迁进迁出，大部分都是从内陆迁来，不会捕鱼，这在全国乃至世界都是罕见的。

1888年，北洋海军成立时，在岛上设立电报局、水师学堂，建北洋海军提督署、铁码头，成为中国近代海军"北洋水师"的诞生地。光绪二十年（1894年），日军发动了侵略中国的甲午战争，北洋海军在提督丁汝昌的带领下，广大爱国将士浴血杀敌，以身殉国。甲午战争持续了8个多月，北洋舰队全军覆没，清政府派全权大臣李鸿章等人赴日本和谈，1895年4日17日签订了丧权辱国的《马关条约》。通过《马关条约》，日本共勒索清政府白银2.6亿两。这笔款项相当于清政府3年多的财政收入，相当于日本政府6年多的财政收入，可组建7支北洋海军舰队，是慈禧太后修建颐和园挪用海军经费的18倍之多。之后刘公岛被英国强租42年。甲午战争失败，给中华民族带来了深重的灾难和空前严重的民族危机，古老的中华被列强瓜分殆尽，造成了中国半个多世纪的贫穷与落后，同时唤醒了中华民族的觉醒。回顾历史，它给我们这样的启示：只有强大的祖国做后盾，他的儿女才能摆脱被屈辱的历史。

如今刘公岛已经成为著名的旅游观光和和爱国主义教育基地。岛上有江泽民题写的"中国甲午战争博物馆"牌坊，北洋海军提督署和丁汝昌寓所旧址；有功不可没的北洋水师铁码头和古炮台；有纪念甲午英烈的北洋水师忠魂碑；有保持原始风貌的国家森林公园；有综合性的刘公岛博览园。其中中国甲午战争博物院收藏了大量珍贵文物，从海底打捞出水的两门水师巨型舰炮，每门重达20多吨，世界仅存，令人叹为观止。馆内通过文物、图片、蜡像、沙盘、模型等展览形式和影视手段，生动地再现了当年北洋海军和甲午战争的历史面貌。

刘公岛博览园位于陈列馆斜对面，为一处大型的综合性旅游景观，园内采用高新科技和传统工艺的展示手法，全方位、立体化地讲述了刘公岛的三大主题文化：刘公文化、甲午战争和英租历史。博览园占地5万平方米，共有六大展区开放。

刘公岛国家森林公园是一座驰名中外、集自然风光和人文景观于一体的国家级森林公园。园内有北洋海军忠魂碑、旗顶山炮台、忠魂碑炮台、刘公亭、军魂亭、动物园、刘公像、五花石、听涛亭、刘公泉等15处名胜景点和自然景点。野生梅花鹿随处可见，还有大熊猫馆和台湾梅花鹿长鬃山羊馆以及麋鹿馆。登上主峰，全岛风光尽收眼底，恍如隔世，心旷神怡。

北洋海军忠魂碑于1988年10月为纪念北洋海军成军100周年而建。此碑呈六棱形，高28.5米，最窄处3米，上书"北洋海军忠魂碑"7个金黄大字。碑文下部两侧是表现北洋将士英勇杀敌、浴血奋战的群像浮雕。整个建筑宏伟壮观，远望此碑好似万绿丛中刺向蓝天的一把宝剑，象征着中华民族反抗异邦侵略者的精神武器永握在手，刺向苍天，以示信誓。

介绍了这么多，我相信大家都对这个小岛充满了好奇吧，别着急。一会到了岛上我们就可以在神奇中畅游了。船马上就要靠岸了，大家拿好自己的东西准备下船，下船的时候要注意安全。

（选自《诗情画意山东游》，有删改）

三、讲解活动

1. 阅读并讨论

阅读以上范例，小组讨论：

(1) 刘公岛在历史上获得哪些荣誉称号？请分析。

(2) 阐述建设中华海坛的意义。

(3) 重点景点和其他景点应把握好详略得当，在刘公岛讲解中，哪些景点可以略讲？

(4) 范例中刘公文化区的讲解运用的是虚实结合的讲解方法，其中，虚是什么？实是什么？

2. 教师示范讲解：甲午战争历史

3. 分段式模拟讲解练习

在小组活动中，将教师和小组同学当作山西夏令营旅游团，以地陪导游身份分别模拟讲解甲午战争纪念馆、陈列馆、中华海坛。做到讲解仪态端庄大方、内容正确、表达流畅，语调亲切自然、语速适中，有一定的现场感。教师巡视指导。

4. 各小组选派代表上台模拟讲解展示

效果评估

项目 分数		C (0~3分) 标准	得分	B (4~5分) 标准	得分	A (6~10分) 标准	得分
态势语	礼节10	无		一般		礼节得体	
	眼神	眼神局促		覆盖全场		自然覆盖全场	
	手势	没有手势		手势过繁或机械		手势自然得体	
	站、走姿	紧张，僵硬		挺拔、自然		挺拔、沉稳、优雅	
语言能力	普通话发音	地方话严重		发音基本标准		发音标准，口齿清楚	
	用词遣句	不恰当		基本恰当		恰当有分寸	
	语言表达	不连贯		基本流畅		流畅自然、语速适中	
	语音语调	声音小、含糊不清		音量适中，语调亲切		抑扬顿挫、节奏感强	
导游词内容	重点	知识点不全		重点突出		内容生动、有创新	
	全面	不够全面		比较全面		概括全面	
	条理	不明朗		比较清晰		清晰明了	
导游讲解	口语化	不够易懂		比较通俗		通俗易懂	
	不良口语	不良口语多		两种以下		无不良口语	
	讲解逻辑性	无逻辑		基本有逻辑		点面结合、逻辑性强	
	讲解方法	单一		三种以下方法		三种以上方法	
	生动性	枯燥无味		基本生动		艺术性与趣味性结合	
小组合作	角色分配	一般		不合理		因人而异	
	小组协作	不积极		一般积极		积极主动	

评价说明：

导游讲解评价一般包括：导游员的仪容仪表、态势语、导游词内容组织、讲解能力等方面。在分段式模拟讲解练习中，教师通过巡回指导，指导学生明确讲解标准。

小组代表展示环节，各组评分员依照上表分级标准进行评判。

练习场

结合课堂练习，将刘公岛景区分段讲解的各部分串联，完成全景区导游词创作和讲解。

项目九　天下第一泉景区

情境导入

有一个来自烟台的大学生旅游团，团队成员是由一位全陪带队，另有28名大学生组成。行程安排是从烟台坐旅游大巴到达济南，济南康辉旅行社接站后，带领游客直接赶赴天下第一泉景区中的趵突泉公园参观游览，游览结束后返回济南住宿，第二天到天下第一泉景区的大明湖公园参观。如何以地陪导游身份，将班级同学当成游客或全陪，在课堂进行趵突泉公园的模拟讲解？

趵突泉

设计路线

趵突泉景区游览

南大门景区→万竹园景区（李苦禅纪念馆）→趵突泉景区（趵突泉、观澜亭、来鹤桥）→三大殿景区（泺源堂、娥英祠、三圣殿）→李清照纪念堂（正厅、漱玉堂、蜡像馆）→龟石→迎门假山→东门及门坊

景点分析

1. 景区描述

济南，是山东省省会城市，它南依泰山、北临黄河，有590多万人口，2600多年的建城史，是中国历史文化名城和首批中国优秀旅游城市。位于我国"山水圣人"、"齐鲁民俗"两条黄金旅游线的重要枢纽位置，旅游资源十分丰富，旅游业发展迅速。

全市共遍布着大大小小700多处天然涌泉，仅在济南老城区西起西门、东至青龙桥方圆2.6平方公里的范围内就分布着趵突泉、黑虎泉、珍珠泉和五龙潭四大泉群、133处泉水，众泉汇流到风景秀丽的大明湖，构成了济南独特的泉水景观。"若到济南行乐处，城西泉上最关情"。泉水是济南的象征、济南的标志，是济南的财富，更是济南的灵魂！2009年9月10日，济南名泉凭借数量多、水质优、形态美、地质结构独特、历史文化深厚，具有突出、普遍观赏价值，具有独特性、稀有性和濒危性的优势，被住建部列入第二批《中国国家自然与文化双遗产预备名录》，成为我国第一个以泉水为主题的申遗项目。2011年11月，护城河泉水游览景观带被《求是》杂志推选为"中国十大休闲胜地"。

天下第一泉风景区，位于山东省济南市，是国家5A级旅游景区、国家级风景名胜区。

景区总面积3.1平方公里，由"一河（护城河）、一湖（大明湖）、三泉（趵突泉、黑虎泉、五龙潭三大泉群）、四园（趵突泉公园、环城公园、五龙潭公园、大明湖风景区）"组成，是集独特的自然山水景观和深厚的历史文化底蕴于一体的旅游景区，风景优美。

景区以天下第一泉趵突泉为核心，泉流成河、再汇成湖，并与明府古城相依相生，泉、河、湖、城融为一体，集中展现了独特的泉水水域风光。泉城最负盛名的趵突泉、黑虎泉、五龙潭三大泉群71处名泉齐聚景区，其数量之多、形态之美、水质之优、历史文化之厚、科普科研之价值，堪称世界之最。大明湖是由众泉汇集而成的天然湖泊，泉水由湖南岸流入，水满时从湖北岸始建于宋代的北水门流出，湖底由不透水的火成岩构成，恒雨不涨，久旱不涸，素有"众泉汇流，平吞济泺"之说，被誉为"泉城明珠"。"四面荷花三面柳，一城山色半城湖"是它的最好写照。由泉水汇流而成的护城河，宛若一条玉带环绕古城，又如一条项链串联景点，全长6.9公里的航道可谓"一河连百景"，沿护城河乘画舫前行，可一览黑虎啸月、趵突腾空、泺苑齐风、龙潭观鱼、月牙飞瀑、鹊华烟雨、汇波晚照、秋柳含烟、超然致远、曾堤萦水等310余处名胜景观，形成了一条资源独特、风景秀美、文化厚重、保存完整、全国独一无二的泉水游览景观带，让游客"不出城郭而获山水之怡，身居闹市而有林泉之致"，成为泉城特色标志区的重要组成部分。

景区自然风光秀美，人文底蕴深厚，泉河湖泊之外还有人文景观、建筑小品二百余处，重要的人文建筑二十余处。有始建于元代的超然楼，始建于北魏、现为明代建筑的泺源堂等。历史遗迹有泺上台、秦琼故宅遗址、北水门等。名人故居有南丰祠、稼轩祠、李清照纪念堂与易安旧居、铁公祠、老舍纪念馆等。红色景点有济南惨案遗址、中共山东省政府机关旧址等。

景区文化底蕴深厚，人文活动丰富，常年举办春节文化庙会、迎春花灯会、金秋菊展、龙舟大赛、荷花艺术节、国际冬泳节等十余项大型传统文化活动，体现了泉城济南独有的景观和民俗文化特色。

2. 明确重点

趵突泉，位居济南72名泉之首，风流的乾隆皇帝被趵突泉的美丽所感染，御笔亲封"天下第一泉"。进入趵突泉公园，还未到泉边，那趵突喷涌的声音就会响彻耳畔。来到泉边，泉池中央那三股吊桶粗的泉水喷涌而出，势如鼎沸，声若雷鸣，蔚为壮观，元代著名画家、诗人赵孟頫盛赞它为"云雾润蒸华不注，波涛声震大明湖"。站在观澜亭上，可以看到亭前水中的石碑，上刻"趵突泉"三字，是明代山东巡抚胡缵宗书写的，突字的典故会引起客人的兴趣。中国古代有许多著名的错别字，这些错别字大多出现在历代帝王、名人雅士在文化古迹或是旅游景区内的题诗刻石勒碑上。这个"突"字就是其中一个著名的"错别字"。关于"突"字上面这一点，流传两种美好的解释。一种说法是表达人们的愿望，希望泉水永远喷涌没有尽头。一种说法是讲趵突泉水流旺盛，把突上的点冲走了，顺着护城河流到了大明湖，所以大明湖的"明"字上多了一笔。

趵突泉碑

　　园中还有一泉名曰"漱玉泉"。长约四五米，宽约两三米，小泉不大但是极其雅致。泉水从池底冒出，形成串串水泡，在水面破裂，咝咝作响，漫石穿隙，跌入自然形于水池中，如同漱玉，泉名缘此而得。漱玉泉后面的李清照纪念堂，为宋代一名门之家的故居，这里曾住过一个迄今为止在中国文坛上唯一能与第一流作家相抗衡的女词人——李清照。她曾用传奇般的诗词演绎着一段段传奇的历史、传奇的情感、传奇的人生，她名震北宋词坛，成为一代词宗。她的词格调高雅清丽，情感浓烈真挚，个性鲜明突出，语言通俗清新。她借助细微的生活细节，传达着她复杂微妙的内心情感。虽然是个孤弱的女子却于动荡中关注着国家民族的命运，关注着社会政治的变迁，将自己的思想感情与国家社会紧紧地联系在一起，她的诗词始终表现了一个杰出文学家的远见卓识与天才创造力！

　　趵突泉以其奇特的泉水景观和典故，成为济南名泉中独具特色的泉点。而有着传奇历史的一代同宗李清照的故居，则是游人追忆历史、缅怀女词人的溯源之地。

李清照纪念堂

　　天下第一泉景区中，除了趵突泉、漱玉泉，公园内还散布着金线泉、柳絮泉、马跑泉等20多处名泉，它们各有各的形态、各有各的风采。但鉴于本次团队为大学生团，他们对历史文化内容有一定的积累，所以在天下第一泉的游览中突出趵突泉、李清照纪念堂的讲解会让大学生朋友们容易理解，也容易引起共鸣。

过程训练

一、创作园

准备阶段：

实地踩线，搜集资料。

构思设计：

前言	总述	分述	结尾
·称呼与问候 ·欢迎语	·天下第一泉概述 ·济南泉群特色	·趵突泉 ·李清照纪念馆	·回顾与总结 ·欢送词

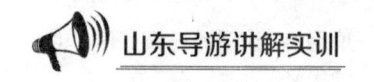

尝试写作：

前　言

　　就像四季如春的昆明被誉为"春城"，有着北国风光的哈尔滨被誉为"冰城"一样，济南，因为有着众多的天然涌泉，自古以来就被冠以"泉城"的美誉，以其独特的泉水魅力享誉海内外。泉水是济南的象征、济南的标志，是济南的财富，更是济南的灵魂！这样几句诗意的话语放在导游词的最前面，可以制造吟诗氛围或设置某种游览悬念，为趵突泉之行做铺垫。问候语中注意体现出对不同团队的关注，如：来自"海滨烟台"、"大学生"等信息，针对性的称呼和问候，容易让游客在异地感受到亲切、温暖。欢迎语中加入"天下第一泉"的美誉，起到先声夺人的作用。

总　述

　　天下第一泉景区总面积3.1平方公里，由"一河（护城河）、一湖（大明湖）、三泉（趵突泉、黑虎泉、五龙潭三大泉群）、四园（趵突泉公园、环城公园、五龙潭公园、大明湖风景区）"组成，是集独特的自然山水景观和深厚的历史文化底蕴于一体的旅游景区，风景优美。景区以天下第一泉趵突泉为核心，泉流成河、再汇成湖，并与明府古城相依相生，泉、河、湖、城融为一体，集中展现了独特的泉水水域风光。概括介绍天下第一泉景区的位置、范围、特色、价值、历史、现状和形成原因等，目的是帮助旅游者对趵突泉景区先有个总体了解，对激发游客游兴起到积极作用。面对这个有丰富文学、地理、历史知识的大学生团来讲，导游可以借助游客已有的知识，运用问答法讲解济南泉水形成的地质原因。

分　述

　　由于景区横跨面积太大，时间所限，因此在第一天的游览主要参观趵突泉景区。对趵突泉景区里面的万竹园的"三绝"、当代著名大写意花鸟画家李苦禅纪念馆进行简述讲述。而趵突泉等重点景观则从泉水成因、历史传说、"突"字的典故、观赏价值等方面进行详细的讲解，使旅游者对趵突泉景区有一个全面、正确的了解。李清照纪念堂中的纪念堂、蜡像馆、李清照生平以及著名诗词进行详细介绍。这两部分内容是本项目导游词创作中最重要的组成部分，也是最易于和大学生获得共鸣的部分。

结　尾

　　根据游览的实际情况，在一天的行程即将结束时，导游员主要对白天趵突泉的游览进行总结，讲解晚上住宿的要求及注意事项，并且对第二天即将游览的大明湖景区做一个简单介绍。因为是两日游，所以这个结尾是对白天游览项的总结，也对第二天的游览项目简单介绍，并且提出要求。

讲解方法应用：

1. 趵突泉、李清照纪念堂的讲解都可采用虚实结合法，以引发游客对趵突泉游览的神秘感。

2. 趵突泉的讲解可用问答法，起到引起游客关注的作用。

3. 天下第一泉概况可以运用画龙点睛法和概括法，让大家对景区有个概括的认识。

4. 李清照纪念堂、万竹园讲解可用触景生情法，可引起导游与游客间的情感互动，以抒发对祖国诗词书画艺术文化的热爱之情。

二、范例欣赏

各位大学生朋友，大家好！首先我代表济南康辉旅行社对您的到来表示热烈的欢迎！先自我介绍一下，我姓马，是济南康辉旅行社的一名专职导游员，大家可以叫我小马！

今天非常幸运能和大家一起游览济南，我会竭尽全力为大家提供最好的服务，在旅途中如果大家有什么好的意见和建议希望大家一定不要保留，及时向我提出来！同时希望我的工作能得到大家的大力配合，提前预祝我们此行顺利愉快！

济南是山东省的省会城市，一直以来都是山东省的经济、政治、文化中心。而且它还是著名的国家历史文化名城、中国优秀旅游城市，素以清泉明湖闻名于世，市内天然涌泉星罗棋布、晶莹碧澈，蜚声中外，是中国著名的泉城。济南"家家泉水，户户垂杨"的独特景色是怎么形成的呢？济南的泉水来源于济南市区以南、锦绣川以北的广大地区，这些地区的岩石是约四亿年以前形成的一层很厚的、质地比较纯粹的石灰岩。这种石灰岩地区，地表有溶沟、溶槽，地下有漏斗、溶洞、暗河以及钟乳石，便于大量的雨水和地表水渗入地下。山区的石灰岩层，以大约三十度的斜度，由南向北倾斜，大量的地下潜流神出鬼没地向济南运动。刚好，在大明湖往北，地下岩石变成了坚固的火成岩，大量的地下水流到这里，碰到火成岩的阻挡，拦蓄起来，越积越多，水泄不能，必须寻找出路。而在济南旧城一带，地势低洼，有的地方甚至低过了地下水的储水面，地下水便穿过地表，夺门而出，形成了众多泉水。趵突泉泉水甘美，用以沏茶，色如琥珀，幽香袭人，极为爽口。据说乾隆下江南时，出京带玉泉水，到济南时带趵突泉水，以备饮用。

说到泉城啊，就不得不提趵突泉，在济南七十二泉当中趵突泉那是稳坐第一把

81

交椅啊,被誉为"天下第一泉"。趵突泉公园位于济南市中心,南靠千佛山,东临泉城广场,北望大明湖,面积约158亩,是一座以泉水为主的自然山水公园。

现在我们看到这座白墙灰瓦、卷棚式的民族风格建筑的大门呢,就是趵突泉公园东门。大门正中匾额上"趵突泉"三个贴金大字,是1959年郭沫若同志写的。进了大门,首先映入大家眼帘的是一座迎门假山,有的游客要问了,为什么要迎着大门建假山呢?您有所不知啊,这是古代造园的一种手法,叫做"障景"法,也就是说以山为主,迎门迭石,似透非透,成为公园门口处的自然屏障,与石后的溪流构成环水行之势,同园中其他景物相分离。这座假山的石块全部采自于济南南部山区,石质、色泽、纹理都可以同江苏无锡的太湖石相媲美。假山下有一个山洞,洞顶和入口处采用了大块的石头,用悬挂的手法形成巨石悬挂的逼真壮观景色。洞壁上又留出适当的空隙,便于采光和空气的通畅。此乃济南假山中的佳作,受到园艺家极高的赞誉。

过了晴雨桥,大家再往前走,这块石姿优美、纹理自然、高四米、重八吨的龟石,它最初被元代著名的散曲家张养浩所收藏。张养浩这个人酷爱自然山川,弃官归隐济南之后以山猿、野鹤、山石为友。这块龟石有"皱、瘦、透、秀"的特点,在此与它合影,有长寿延年的吉祥之意,留给大家几分钟的时间合影留念。

现在我们来到的是马跑泉。为什么叫马跑泉呢?据说是由北宋时期的抗金将领关胜的战马刨出来的,因此叫做马跑泉。相传,关胜是梁山的农民起义将领,是济南总兵刘豫的部将,非常能打仗,金兵南侵时,誓死不降,奋力抗金。在一次激战当中,败走麦城,口渴难耐。他的战马仰天长嘶,前蹄奋力刨地,泉水汹涌而出,后人为纪念此泉,称它为马跑泉。

再往前走,我们现在看到的是李清照纪念堂,建于1979年,纪念堂两旁是郭沫若先生写的对联。上联是"大明湖畔,趵突泉边,故居在垂杨深处"写的是李清照故居所在地;下联"金石录里,漱玉集中,文采有后主遗风"说的是她的词作成就。横批是"一代词人"。

李清照是我国南宋时期杰出的女词人,号易安居士,济南人。父亲李格非是一位著名的历史学家,博学多才,母亲也是一位状元的孙女,知书达理。李清照自小受到书香熏陶,再加上天资聪明、勤奋好学,成为当时杰出的文学家。李清照18岁时,与当朝宰相赵挺之的儿子赵明诚结婚。婚后夫妇俩互相支持,恩恩爱爱,作诗填词,研究金石书画,购置古籍。靖康之难以后,北宋灭亡,金兵南侵,李清照夫妇被迫南下,途中,赵明诚因病死去。晚年的李清照一直过着颠沛流离的生活,在悲惨中渡过了她的余生。李清照的词以靖康之难为分界线,前期大多歌咏自然、赞美生活,描绘夫妻恩爱。后期大多抒写家国之恨,悲叹自身命运凄苦。李清照文学创作具有鲜明的艺术风格，居婉约派之首，被称为"易安体"。现存的有《李清照集》和《漱玉词》。

再往西走，就到了金线泉。金线泉同趵突泉、黑虎泉、珍珠泉并称为济南四大名泉。老金线泉的"金线"已经很难看到，新金线泉的"金线"也必须在水势旺盛、阳光照射角度适当时才能看到。

再继续往西走，我们就来到了尚志堂。尚志堂，也叫"金线书院"，由金线泉而得名，古时候指官家或私人藏书和讲学的地方。尚志堂院中栽植了白玉兰、紫玉兰，每到初春，玉兰花争相绽放，芳香扑鼻，所以尚志堂院也称作玉兰院。

出尚志堂西行，便到了泺源堂。泺源堂北面的建筑就是娥英殿，是为纪念虞舜的两位妃子娥皇、女英而建的祠。

我们现在已经来到趵突泉景区，站在来鹤桥上。来鹤桥原为木桥，明万历年间历城知县张鹤鸣所建。1956年开辟趵突泉公园时，修建了这座石桥。大家请抬头看这一朱漆木牌坊上的字"蓬山旧迹"，另一面是"洞天福地"。据说，过去人们曾把趵突泉的三股水柱比作蓬莱仙山，也就是在神话中的三座神山：蓬莱，方丈，瀛州。想登蓬莱山求仙的人到处寻找仙山，当他们来到趵突泉边的时候啊，看到三股水注，其状如山且不能攀登，猛然醒悟，仙景在此啊，于是就立了个"蓬山旧迹"坊。如果到泉东面望鹤亭茶社，一边品茶，一边赏泉，就会有"润泽春茶味更真"的诗意。

趵突泉泉池呈长方形，东西长三十米，南北宽二十米，周围绕以石栏。从池边俯视，一泓碧水，清如明镜；三泉涌涛，喷雪溅玉；势如鼎沸，声若雷鸣；水草袅袅，鱼翔浅底；绿叶红鳞，辉映其间。历代文人学者都对趵突泉留下了很多赞誉。趵突泉泉水甘美，用以沏茶，色如琥珀，幽香袭人，极为爽口。据说当年乾隆下江南，出京带玉泉水，到济南时带趵突泉水，以备路上饮用。

站在观澜亭上，可以看到亭前水中的石碑，上刻"趵突泉"三字，是明代胡缵宗书写的，如果仔细看就会发现"突"字少了上面的那一点。亭后的石刻"第一泉"三字是清代王钟霖书写，"观澜"石刻二字是明代张钦书写。如果你细心点，会发现"突"字少了上面的那一点。中国古代有许多著名的错别字，这些错别字大多出现在历代帝王、名人雅士在文化古迹或是旅游景区内的题诗刻石勒碑上。这个"突"字就是其中一个著名的"错别字"。关于"突"字上面这一点，流传着两种美好的解释。一种说法是表达人们的愿望，希望泉水永远喷涌没有尽头。一种说法是讲趵突泉水流旺盛，把突上的点冲走了，顺着护城河流到了大明湖，所以大明湖的"明"字上多了一笔。

现在给大家半个小时的时间自由参观拍照，谢谢大家。

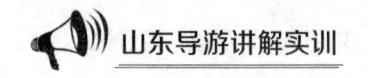

三、讲解活动

1. 阅读并讨论

阅读以上范例，小组讨论：

(1) 按照参观游览顺序，请画出趵突泉公园的游览顺序图。

_____

_____

(2) 请说出著名女词人李清照的生平及代表性诗词。

_____

_____

_____

(3) 重点景点和其他景点应把握好详略得当，在天下第一泉讲解中，哪些景点可以略讲？

_____

_____

_____

(4) 范例中李清照纪念堂的讲解运用的是触景生情的讲解方法，你还能举出哪些例子？

_____

_____

_____

2. 教师示范讲解：济南泉水形成的原因

3. 分段式模拟讲解练习

在小组活动中，将教师和小组同学当作烟台大学生旅游团，以地陪导游身份分别模拟讲解李清照纪念馆、趵突泉。做到讲解仪态端庄大方、内容正确、表达流畅，语调亲切自然、语速适中，有一定的现场感。教师巡视指导。

4. 各小组选派代表上台模拟讲解展示

效果评估

项目	分数	C（0~3分）标准	得分	B（4~5分）标准	得分	A（6~10分）标准	得分
态势语	礼节10	无		一般		礼节得体	
	眼神	眼神局促		覆盖全场		自然覆盖全场	
	手势	没有手势		手势过繁		手势自然得体	
	站走姿	紧张		挺拔、自然		挺拔、沉稳、优雅	
语言能力	普通话发音	地方话严重		发音基本标准		发音标准，口齿清楚	
	用词遣句	不恰当		基本恰当		恰当有分寸	
	语言表达	磕磕巴巴		基本流畅		流畅自然、语速适当	
	语音语调	声音小、含糊不清		轻重自然		抑扬顿挫	
导游词内容	重点	知识点不全		重点突出		内容生动、有创新	
	全面	不够全面		比较全面		概括全面	
	条理	不够清晰		比较清晰		清晰明了	
	内容创新	不全面		基本涵盖		全面创新	
导游讲解	口语化	不够易懂		比较通俗		通俗易懂	
	不良口语	不良口语多		两种以下		无不良口语	
	讲解逻辑性	无逻辑		基本逻辑		点面结合、逻辑性强	
	讲解方法	单一		三种以下方法		八种以上方法丰富	
	生动性	枯燥无味		基本生动		艺术性与趣味性结合	
	应变力	呆板不灵活		一般		灵活机动	
小组合作	角色分配	一般		不合理		因人而异	
	小组协作	不积极		一般积极		积极主动	

评价说明：

导游讲解评价一般包括：导游员的仪容仪表、态势语、导游词内容组织、讲解能力等方面。在学习的后期阶段，则主要侧重于学生的创新性和灵活应变能力等方面的考察。在分段式模拟讲解练习中，教师通过巡回指导，指导学生明确讲解标准。

小组代表展示环节，各组评分员依照上表分级标准进行评判。

练习场

结合课堂练习，将天下第一泉景区分段讲解的各部分串联，完成全景区导游词的创作和讲解。

项目十　孔庙、孔府、孔林

情境导入

2016年7月上旬的某一天，导游小林接到所在的烟台欧亚国际旅行社计调孙姐的通知，说有一个来自深圳的旅游团将于7月26日至7月30日来山东游览济宁、泰安、曲阜一线，由她负责团队的接待工作。由于小林从事导游工作时间不长，她对曲阜不是很熟悉。心急火燎的小林赶紧联系了自己的学姐张帆，让她帮忙介绍一下曲阜三孔的讲解注意事项。如果你是张帆，请问你该如何辅导小林？

设计路线

景区游览

孔庙：金声玉振坊→棂星门→圣时门→同文门→奎文阁→十三碑亭→大成门→杏坛→大成殿→圣迹殿

孔府：孔府大门→重光门→大堂→六厅→二堂→三堂→内宅→前上房→前堂楼→后堂楼→后花园

孔林：万古长春坊→至圣林坊→大林门→洙水桥→享殿→驻跸亭→孔子墓→孔鲤墓→孔汲墓→子贡庐墓处

景点分析

1. 景区描述

孔子是中国古代一位对后世影响甚为深远的伟大思想家、政治家、教育家，杰出的世界文化巨人。他所创立的以仁政德治为核心的儒家学说在中国及朝鲜、日本、越南等亚洲国家被奉为封建社会的正统思想，他被尊为"至圣先师"、"万世师表"。十九世纪，孔子思想传入欧洲，对欧洲的启蒙运动也产生很大影响。为了表达对他的推崇和对儒家思想的尊奉，在他的故乡曲阜建起了规模宏大的孔庙、孔林、孔府。三孔在1999年被联合国教科文组织列入世界文化遗产名录，2007年被国家旅游局定为首批全国5A级景区。

孔庙是奉祀孔子的庙宇，这类庙宇在亚洲地区多达2000余座，曲阜孔庙是其中历史最悠久、规模最宏大、形制最典型的一座。它位于曲阜城的中央，主要建筑贯穿在一条南北中轴线上，前后九进院落，东西三路布局，是在孔子故居的基础上逐步发展起来的一组具有东方建筑色彩和格调、气势雄伟壮丽的庞大古代建筑群。南北全长1300多米，宽150多米，占地面积140000多平方米。庙内共有殿阁亭堂门坊100余座，共466间，分别建于金、元、明、清各代。孔庙具有较高科学价值的文物有建筑、碑刻、石刻等。

孔林是孔子及其后裔的家族墓地，位于曲阜城北一公里处的泗河南岸，有神道与城门相连。孔子以后，其子孙围绕孔子墓接冢而葬，经过两千多年、七十多代的不断延续拓展，逐渐形成了面积广大的孔氏家族专用墓地——孔林。孔林是中国乃至世界上规模最大、持续最长、保存最完整的一处家族墓葬群，是一座集墓葬、建筑、石雕、碑刻为一体的露天博物馆，还是一座天然植物园。孔林丰富的地上文物，对于研究我国墓葬制度的改革，对于研究我国古代政治、经济、文化、风俗、书法、艺术等都具有很高的价值。

孔府，又称"衍圣公府"，位于曲阜城中孔庙东侧，是孔子嫡长孙的衙署，采用中国传统的前堂后寝制度，三路布局，九进院落，共有建筑560余间，占地70000多平方米。孔府还藏有大量珍贵的历史档案和服饰，库藏文物11万余件，是中国封建历史上保存年代最久远、面积最大、特权最高的贵族庄园，被称为天下第一家。

孔庙、孔林、孔府既是中国古代推崇儒家思想的象征和标志，也是研究中国历史、文化、艺术的重要实物。

2. 明确重点

孔庙：在世界众多祭祀孔子的庙堂中，曲阜孔庙是规模最大、最为古老的，它与北京故宫、河北承德避暑山庄并称为中国三大古建筑群。孔庙建筑群是仿皇宫建制，分九进院落、三路布局。其中，前三进是引导性庭院，第四进以后的庭院是祭祀孔庙活动的主要场所。孔庙的重要景点主要集中在中轴线上，"金声玉振坊"是孔庙的第一座门坊，赞扬孔子的学问是集古圣先贤之大成；奎文阁原为藏书楼，其高超的建筑艺术是我国木质古建筑中少见的；十三碑亭内碑文的内容均为历代帝王、大臣们修庙、祭庙、告庙之类的记录，极具史料价值；"杏坛"在宋代是纪念孔子设坛讲学建的地方，坛内有石碑两幢，面南的石碑一面写有"杏坛赞"，是乾隆皇帝为数不多的留世字体。以上四处景点应重点向游客介绍。大成殿是孔庙的主体建筑，它与北京故宫的"太和殿"、泰山岱庙的"天贶殿"并称为"东方三大殿"，是祭祀孔子的中心场所，自然是导游向游客讲解的重点；圣迹殿是孔庙中轴线上的最后一座建筑，以石刻连环画《圣迹图》记载了孔子一生的事迹，也应该向游客重点讲述。

孔庙大成殿

孔府：孔府院落创建于明洪武十年（公元1377年），八进院落，分东、西、中三路。孔府大门为明代建筑，形制完全按照明代的建筑礼制而建，孔府的二门也，门上方悬挂的"恩赐重光"匾，为明代皇帝朱厚熜所颁，因此叫重光门，只有在孔府大典、迎接圣旨或进行重大祭祀活动时才开启，故又称"仪门"。孔府"大堂"，是"衍圣公"宣读圣旨、接见官员、审理重大案件、举行重大仪式的地方，也是孔府官衙中最重要的办公场所。前上房是孔府主人接待至亲和近支族人的内客厅，也是举行家宴和婚丧仪式的主要场所；后花园，又名"铁山园"，是孔府主人休闲娱乐的地方，始建于明朝弘治十六年，前后经过三次大修，占地 50 余亩。

孔府

孔林：孔林是孔子及其后裔的家族墓地，也是世界上延时最久、规模最大的家庭墓地，也是一座少有的人造大园林，为游客讲解时应详细介绍其概况。

孔林

过程训练

一、创作园

准备阶段：

景区见习，搜集资料。

构思设计：

前言：称呼与问候、欢迎语 → 总述：曲阜城市特色、三孔概述 → 分述：孔府、孔庙、孔林 → 结尾：回顾与总结、欢送词

尝试写作：

曲阜三孔是典型的人文景点，导游词的写作要在对儒家思想有充分了解的基础上进行。主要包含以下内容：

前 言

这部分内容一般表达欢迎之意，包括问候语、欢迎语、介绍语、游览注意事项和对游客的希望五个方面，放在导游词的最前面。为了使问候语更能够打动游客，可以提前了解深圳特区发展和团队客人的相关情况，针对性的称呼和问候，可以拉近与客人之间的距离。同时在欢迎语中加入曲阜的美誉，激发游客探求"孔子故里东方圣城"的欲望。

总 述

概括介绍孔庙、孔林、孔府建筑的历史背景、景点特色、景点地位、景点价值（历史价值、文物价值、旅游价值、欣赏价值）、名人评论等，交代清楚这些，有助于游客全面了解三孔建筑的意义。总述部分可以采用概述法和引用法。

分 述

根据游览顺序详细讲解孔庙、孔林、孔府。先对孔庙的重要景点金声玉振坊、奎文阁、十三碑亭、杏坛、大成殿、圣迹殿，孔府的大门、重光门、前上房、后花园，孔林的概况等，从景点名称的由来含义、用途、历史背景、文物价值等方面进行详细的讲解，使旅游者对三孔有一个全面、正确的认识。这是本项目导游词创作中最重要的组成部分。在这部分中，要对各精华景点逐一加以详细地说明讲解，把三个景点中最具魅力、最具文化特色的内涵挖掘出来，引导游客去欣赏、去品味。讲解一般以游览路线为线索，以观赏的景物先后为顺序，依每个景观的建筑结构进行，每个景点之间以常用引导语承上启下，自然地进行过渡。

结　尾

　　导游词的末尾，根据游览的实际情况，回顾总结游览收获，主要围绕孔子文化的博大、三孔建筑的宏伟提升游客对三孔的认识。感谢惜别、征求意见、致歉和祝愿等方面的内容放在最后。

　　前言和结尾的设计内容应注意首尾呼应、简洁明了，讲解时间不宜过长，表达真情实感，和游客产生共鸣。

　　讲解方法应用：

　　1. 写作导游词时，总述部分可采用概述法和引用法介绍三孔的背景、特色、地位、价值等，并通过突出重点法展现三孔建筑的特殊历史价值和文化地位。

　　2. 分述部分可根据参观游览顺序采用分段讲解法依次介绍每一处景点的概况，由于三孔建筑特殊的历史文物价值，几乎每一处景点都有很深的历史渊源，所以分段讲述中可更多地引用历史记载，并通过虚实结合和类比的方法吸引游客的注意力。如在为游客讲解"金声玉振"名称由来时引用孟子对孔子的评价，突出孔子思想的重要性。在讲解"大成殿"时，将它与北京故宫"太和殿"、泰山岱庙"天贶殿"作类比；讲解孔府大门上的匾额和对联时，用虚实结合法介绍对联由来，突出对联的精妙等；介绍孔林时突出它是中国乃至世界上规模最大、持续最长、保存最完整的一处家族墓葬群，也是一座少有的人造大园林这一重点。

　　3. 三孔建筑经历了两千多年的历史演变，浓缩了孔子思想发展的脉络，可采用年代和数字说明的方法体现其史料价值。所引用的数字要精确，年代要考证准确。如孔庙建筑的长、宽、面积、建筑物布局；十三碑亭的碑文年代，大成殿、圣迹殿的建筑概况，用数字说明法可充分体现出导游讲解的严谨性和科学性。

　　二、范例欣赏

　　各位游客：

　　大家好！大家一定都读过《论语》吧。开篇有一句话叫"有朋自远方来，不亦乐乎"。今天我就以孔子的这句名言，热烈地欢迎您来孔子的故乡曲阜参观游览。中国有句古话叫"江南出才子，江北出圣人"，实际上，江北的圣人几乎全出自曲阜。在中国封建时代，受到皇帝赐封的圣人一共有6位，他们分别为至圣孔子、亚圣孟子、复圣颜子、述圣子思、宗圣曾子、元圣周公，前4位都出生在曲阜。曲阜现有国家级文物古迹4处、省级11处、市级100余处。1982年曲阜被国务院公布为全国首批24个历史文化名城之一，1999年12月17日曲阜"三孔"被联合国正式列为世界文化遗产。"三孔"景区2007年被评为国家首批5A级景区。下面就请大家跟随我的脚步走近孔子，感悟人生；走进曲阜，通晓天下。

我们即将游览的是孔庙。

孔庙是祭祀我国春秋末期著名的思想家、教育家、儒家学派的创始人孔子的庙宇，被称为天下第一庙，始建于孔子死后第二年。在世界众多祭祀孔子的庙堂中，曲阜孔庙是规模最大、最为古老的，它与北京故宫、河北承德避暑山庄并称为中国三大古建筑群。孔庙南北长达1130米，东西最宽处约168米，占地面积约15万平方米。仿皇宫之制，分九进院落、三路布局。整个建筑群包括五殿、一祠、一阁、一坛、两庑、两堂、17座碑亭、53座门坊、466间，南北长约1公里。孔庙恢宏壮丽，面积之大、历史之久、保存之完整是世界建筑史上的唯一孤例。

朋友们，我们现在来到了孔庙的第一座门坊——"金声玉振坊"。"金声玉振"四字出自《孟子·万章下》，孟子对孔子曾有过这样的评价，他说："孔子之谓集大成，集大成者，金声而玉振之也"。"金声、玉振"表示奏乐的全过程，以击钟开始，以击磬告终，以此来比喻孔子的思想集古圣先贤之大成，达到绝顶之意。

过了金声玉振坊，我们来到孔庙的第一道大门叫"棂星门"。"棂星门"三个字为乾隆所书。

我们面前的这座木结构建筑就是"奎文阁"，原是孔庙的藏书楼。"奎星"为二十八星宿之一，人们称它为文官之首，封建帝王把孔子比作天上的奎星，所以孔子又称"历代文官主"。这座楼阁高23.35米，阔30.1米，深17.62米，三重飞檐，四层斗拱，构造坚固而且合理，康熙年间曲阜曾有过一次大地震，"人间房屋倾者九，存者一"，而奎文阁却傲然屹立、安然无恙，其高超的建筑艺术是我国木质古建筑中少见的。

我们现在进入孔庙的第六进院落，展现在大家面前的是13座碑亭，南边8座，北边5座。亭内保存了唐、宋、金、元、明、清及民国时期所立碑刻57块，十三碑亭内碑文的内容均为历代帝王、大臣们修庙、祭庙、告庙之类的记录，极具史料价值。其中有蒙古文、满文与汉文对照碑，通过十三碑亭可窥见历代帝王豪门的尊孔祭祀、孔庙修建沿革发展的历史。在这些石碑中，按其重量来说，最重的一块碑应数清康熙二十五年所立的"康熙御制碑"，重35吨，连赑屃座重65吨，石料采自于北京的西山。在当时，将如此重量的石碑从千里之外跋山涉水，运至曲阜，不能不说是一个奇迹。

大家知道，孔子是伟大的思想家、教育家、政治家，他是中国第一位老师，封建皇帝封他为"至圣先师"、"万世师表"，应当说，他是名副其实的"人类灵魂工程师"。我们面前的"杏坛"，相传是当年孔子设坛讲学的地方，金代建亭以作纪念，著名文人党怀英书"杏坛"二字。坛侧有棵杏树，为后人所栽，每当初春时节，红花绽开，绿叶摇曳。所以乾隆皇帝来朝拜时，曾赋诗赞之，诗曰："重来又值灿开时，几树东风簇绛枝，岂是人间凡卉比，文明终古共春熙。"

大成殿是孔庙的主体建筑，是祭祀孔子的中心场所。它与北京故宫的"太和殿"、泰山岱庙的"天贶殿"齐名。殿高24.8米，阔45.78米，深24.8米，重檐九脊，黄瓦歇山顶。雕梁画栋，金碧辉煌，特别是周围28根石柱，为世界文化瑰宝，均以整石雕刻而成。前面10根为深浮雕，每柱二龙戏珠，盘绕升腾，栩栩如生，刀法刚劲有力，各具变化。两侧及后廊的龙柱为浅浮雕，每柱72条龙，总共1296条。大成殿内有9座大型神龛，17尊塑像。明间正中为孔子，孔子像坐高3.35米，头戴十二旒冠冕，身穿十二章王服，手捧镇圭。两侧为四配，东西是复圣颜回、述圣孔及，西面是宗圣曾参和亚圣孟子。后面的6对神龛内供奉的是12"仁哲"塑像。告诉大家一个好消息，每年的9月26日到10月10日是孔子文化节的举办时间，届时这里将会举行盛大的国际孔子文化节和孔子诞辰纪念仪式，表演大型祭孔乐舞和"箫韶乐舞"，举行丰富多彩的文化、旅游活动，如果大家有时间，欢迎各位到时光临。

我们现在来到了孔庙中轴线上的最后一座建筑——圣迹殿。圣迹殿造型古雅，建于明代，由巡按御史何出光主持建造。他搜集了有关孔子的画像和文献资料，交由吴郡画工章草补充绘画并刻成石刻，这就是我国最早的完整石刻连环画——《圣迹图》。圣迹殿是专门为存放《圣迹图》而建造的。《圣迹图》每幅高38厘米，宽60厘米，文图并茂，共120幅，描绘了孔子一生的主要活动。

我们现在的位置是孔庙东路，这里当年为孔子故宅，这口水井为"孔子故宅井"，是当年孔子饮水之井，后人称为"圣水"。亭内的碑有乾隆"饮水拜师"和"故宅井赞"，乾隆8次来曲阜，竟有他5次题字。后面这座红色墙壁叫"鲁壁"，在秦始皇焚书坑儒时，孔子九世孙孔鲋（fù）把《论语》等经典藏在此壁内，墙壁倒塌后被人发现，孔子经典方才留传于世。

朋友们，孔庙是一个巨大的文化博物馆，我们匆匆地游览，只可窥见一斑，不能观其全貌，尤其是不能会其神韵，那就留待各位以后再细细品味吧。

接下来我们游览的是孔府。

孔府，又称"衍圣公府"，位于曲阜城中孔庙东侧，是孔子嫡裔子孙世代居住的官邸。"衍圣公"是北宋至和二年（1055年）宋仁宗赐给孔子第四十六代孙孔宗愿的封号，这一封号子孙相继，历经宋、金、元、明、清、民国共三十二代880余年之久，前后共有43人袭封了这一爵位。孔府占地200余亩，有楼轩厅堂460余间，八进院落，分东、西、中三路：东路为家祠所在地；西路为衍圣公读书、学诗学礼、燕居吟咏和会客之所；中路是孔府的主体部分，前为官衙，设三堂六厅，后为内宅，有前上房、前后堂楼、配楼、后六间等，最后为花园，是集官衙、宅院、家庙三位为一体的典型的封建贵族式建筑群。透过孔府的建筑、装饰、布局，我们可以认识中国的家族观念，也可以品味中国的传统文化。孔府还藏有大量珍贵的历史档案和服饰，库藏文物11万余件，是中国封建历史上保存年代最久远、面积最大、特权最高的贵族庄园，被称为天下第一家。

孔府大门为明代建筑，形制完全按照明代的建筑礼制而建。每间辟一门，黑漆红牙，狻猊铺首，菊花阀阅。这种建筑构造，在其他地方的一般官邸是不可能见到的。大门上方悬挂有巨型金字"圣府"匾额，两边的对联为："与国咸休安富尊荣公府第，同天并老文章道德圣人家。"匾额系明嘉靖年间阁老严嵩手书，对联出自乾隆时期号称"天下第一才子"的著名学者纪晓岚之手。现在请大家仔细观察，您会发现一件很有趣的事，就是这上、下联各有一字写法非常特别。上联的"富"字最上面缺了一点，所谓"富"字无头，寓意孔府的富贵世代相传，永无止境；下联的"章"字下面的笔画通了上去，意思是孔府的文章可以通天下。纪晓岚为孔府写的这副对联，不但文字流畅、潇洒、大方，其内容对孔府的赞扬更是对联中的一绝。

我们现在看到的这座牌楼式的影壁门就是重光门，此门始建于明弘治十六年，高5.95米，长6.24米，宽2.03米；四柱三间三楼垂以莲花，明间略高，檐下前后各有4个倒垂的木雕莲蕾。莲花，是清廉、纯洁的象征，在此寓意衍圣公府高尚廉洁、清白无瑕。门上方悬挂的"恩赐重光"匾，为嘉靖皇帝亲颁（实为孔氏族人所写）。过去，只有在孔府大典、迎接圣旨或进行重大祭祀活动时，才在十三响礼炮声中将此门徐徐开启，故又称"仪门"。在封建社会里，这样的门又叫"塞门"，一般的官宦府第只是以墙代之，是没资格建的。只有被封建帝王封爵的"邦君"才能享受此殊荣。

孔府"大堂"，是"衍圣公"宣读圣旨、接见官员、审理重大案件、举行重大仪式的地方，也是孔府官衙中最重要的办公场所。堂中间有一黄色暖阁，绘以蝙蝠、祥云、八宝，寓意紫气东来、大福吉祥，显得此堂似浮于云端，庄严显赫。大堂的东西两侧设有6个办事机构，简称"六厅"，分别是管勾厅、百户厅、典籍厅、司乐厅、知印厅及掌书厅，具体管理着孔府日常事务。二堂，也叫后厅，是当年衍圣公会见四品以上官员的地方，里面的石碑和牌匾是清朝光绪、慈祥太后等封赐给衍圣公及夫人的。三堂，也叫退厅，也是衍圣公私设公堂、处理家庭内部事务的场所。

从进入孔府开始直到三堂，我们领略的主要是孔府显赫的政治地位。从此处，我们开始进入孔府的内宅。它与前面的衙门不同，是孔府的生活家园，中国古代的传统家庭在这里被体现得淋漓尽致。在过去，内宅是绝对不许擅入的，有皇帝赐给的虎尾棍、燕翅镗、金头玉棍，由十几人轮流把守，有不遵令入内者，"打死勿论"。内宅门西边这个水槽叫石流，过去挑水夫不得进入内宅，只把水倒进石流，淌入内宅。

    内宅门的内壁上画着一个形似麒麟的动物，叫"贪"，是传说中的贪婪之兽，能吞下金银财宝，你看它连八仙的宝物都吃掉了，还要去吃太阳。据说当年"衍圣公"出门时，都要驻足观看此画，并有人喊"过贪门"，以戒要清正廉洁，不要贪赃枉法。这对于我们现在的官员和"公仆"们，是不是也有借鉴和启发呢？

    现在我们来到了孔府中较为重要的一处场所——前上房，它是孔府主人接待至亲和近支族人的内客厅，也是举行家宴和婚丧仪式的主要场所。前上房的室内陈设豪华，家具精美，文物古玩琳琅满目。中堂挂有一幅慈禧皇太后为七十六代衍圣公孔令贻之母、一品夫人彭太夫人写的大"寿"字。正堂上方悬挂有曲阜邻县的绅士们联合赠给孔令贻的夫人陶氏的巨大匾额，上书"宏开慈宇"四个大字。这里面还有一段渊源呢！民国年间，曲阜一带军阀混战。有一次，一支军队宿营在曲阜及邻县地区，陶氏便派人给军队送去酒肉等，同时要求军队兵士不要干扰乡民。军队的长官下了命令，不许强占民宅、骚扰地方百姓，更不准抢掠百姓财物，使附近百姓免受了战争之苦。军队走后，几个县的绅士便联合给陶夫人献了这块匾，以示乡民感恩之情。

    游览了这么长时间，大家一定都累了吧，下面我们就到孔府后花园去放松一下吧。大家看，亭榭回廊，小桥流水，鸟语花香，置身其中是不是令人顿时心旷神怡呢？孔府的后花园，又名"铁山园"，是孔府主人休闲娱乐的地方。花园始建于明朝弘治十六年，由李东阳设计建造，后来严嵩又帮助"衍圣公"扩建重修，到了清代，孔子第七十三代衍圣公孔庆镕时，将数块大型铁矿石置于园内，故又称"铁山园"，而他自己从此也以"铁山园主人"自称。花园占地面积约20余亩。经过前后三次大修，花园成了现在的规模，面积比北京故宫的花园还要大些。这里面有各种奇花异草，古树名石如"五柏抱槐""太湖石假山"等，请各位随意观赏一下吧。

    下面，我们走近孔子的长眠之地——孔林，去体验中国厚重的陵墓文化。孔林，是孔子及其后裔的家族墓地。自孔子死后与妻合葬于泗上，弟子们筑坟植树，为"孔林"之始。孔子以后，其子孙围绕孔子墓接冢（zhǒng）而葬，经过两千多年、七十多代的不断延续拓展，逐渐形成了面积广大的孔氏家族专用墓地——孔林。孔林内坟冢累累，碑石如林，古木参天，是中国乃至世界上规模最大、持续最长、保存最完整的一处家族墓葬群，也是一座少有的人造大园林。孔林占地面积近200万平方米，林内有树木4万余株，墓碑3600多块，石仪85对。孔林还是名副其实的碑林，林内尚有李东阳、严嵩、翁方钢、何绍基等书法大家的碑刻。

朋友们，松柏涛涛，坟茔座座，碑石遍地，诉说着千古的故事。雄伟壮阔的"三孔"向人们展示了中国封建社会丰富而深刻的内容，在这里，我们感受到以孔子为代表的儒家思想在数千年历史中神圣而稳固的地位，会思考我们中华民族的民族意识、民族精神是怎样凝聚、怎样发展的，在这里，你不得不为曲阜骄傲，你不得不为孔子骄傲，你不得不为我们伟大的中华民族骄傲！感谢大家的支持与配合，希望我们的圣贤之旅能为您以后的工作和生活带来吉祥如意，谢谢大家！

三、讲解活动

1. 分组讲解

认真学习范例导游词，查阅与孔子和曲阜有关的史料，小组讨论：

(1) 请说说你所了解的孔子。

_____

_____

_____

_____

(2) 请找出"三孔"导游词中的"之最"。

_____

_____

_____

_____

(3) 结合对范例导游词的学习，请你帮小林出出主意，给她提供曲阜带团的建议。

_____

_____

_____

_____

_____

2. 教师示范讲解孔府概况

3. 各小组选派代表上台模拟讲解展示

将学生分成三组，分别完成孔庙、孔林、孔府的导游词整理工作，小组成员在组内进行讲解，各组选派代表在班级进行学习成果展示。

效果评估

项目 分数		C (0~3分) 标准	得分	B (4~5分) 标准	得分	A (6~10分) 标准	得分
态势语	礼节10	无		一般		礼节得体	
	眼神	眼神局促		覆盖全场		自然覆盖全场	
	手势	没有手势		手势过繁或机械		手势自然、得体	
	站、走姿	紧张，僵硬		挺拔自然		挺拔、沉稳、优雅	
语言能力	普通话发音	地方话严重		发音基本标准		发音标准，口齿清楚	
	用词遣句	不恰当		基本恰当		恰当、有分寸	
	语言表达	不连贯		基本流畅		流畅自然、语速适中	
	语音语调	声音小、含糊不清		音量适中，语调亲切		抑扬顿挫、节奏感强	
导游词内容	重点	知识点不全		重点突出		内容生动、有创新	
	全面	不够全面		比较全面		概括全面	
	条理	不明朗		比较清晰		清晰明了	
导游讲解	口语化	不够易懂		比较通俗		通俗易懂	
	不良口语	不良口语多		两种以下		无不良口语	
	讲解逻辑性	无逻辑		基本有逻辑		点面结合、逻辑性强	
	讲解方法	单一		三种以下方法		三种以上方法	
	生动性	枯燥无味		基本生动		艺术性与趣味性结合	
小组合作	角色分配	一般		不合理		因人而异	
	小组协作	不积极		一般积极		积极主动	

评价说明：

导游讲解评价包括：一是导游词设计的科学性，景区内容描述是否全面准确，重点景点有没有全部涵盖，所引用的资料是否真实可靠等；二看学生的语言表达技巧，即条理是否清晰；三是仪容仪表和态势语是否符合导游服务规范；四是小组合作情况。在分段式模拟讲解练习中，教师通过巡回指导，指导学生明确讲解标准。

小组代表展示环节，各组评分员依照上表分级标准进行评判。

练习场

结合课堂练习，将三孔景区导游词串联，完成全景区导游词创作和讲解。

项目十一　崂山

情境导入

来自沈阳的某公司经理王先生，借到青岛出差的机会与朋友一行6人游览了崂山，为了节省时间和费用，他们没有参加旅游团，到景区后自行买票进山游览，虽然景区内有不少与景点有关的文字介绍，可是游览结束后，王先生和朋友觉得纳闷，崂山既不高大也不雄伟，怎么会有那么大的名气呢？如果你是青岛的导游或者是崂山景区的讲解员，会给王先生他们提供哪些旅游建议呢？

崂山

设计路线

景区游览

南线：太清宫→明霞洞→上清宫→龙潭瀑

北线：北九水涧谷→骆驼峰→将军崮→金色望月石→飞来石→飞凤崖→连云崖→瀑音瀑→蔚竹庵

东线：太平宫→觅天洞→那罗延窟→白龙洞→犹龙洞→华严寺→白云洞→棋盘石

景点分析

1. 景区描述

崂山，古称劳山、牢山，位于青岛市崂山区，地处黄海之滨，是中国著名的旅游名山，被誉为"海上第一仙山"，是山东半岛的主要山脉。崂山的主峰名为"巨峰"，又称"崂顶"，海拔1132.7米，是我国海岸线第一高峰，有着海上"第一名山"之称。崂山集山海自然美、形态美、色彩美为一体，既是一方自然瑰宝，又是一座古老的宗教文化宝库。

崂山旅游资源丰富，奇特的自然景观和厚重的人文景观相映生辉。崂山冬暖夏凉，气候温和宜人，是旅游、疗养、度假的理想之地；它的山体由岩浆岩构成，属于花岗岩地貌景观，山势峭拔雄伟，奇峰、怪石、象形石随处可见，可谓是"天然雕塑公园"；崂山泉水水质优良，含有丰富的矿物质，经常饮用可延年益寿，闻名中外的青岛啤酒就是用崂山泉水酿制而成；崂山植物品种繁多，南北花木盘根共存，为著名的国家森林公园；崂山还是一座历史文化名山，拥有厚重的历史文化底蕴，颇受历代名道高僧的偏爱，备受古代帝王将相、达官要人和文化名人的青睐，其上道教宫观太清宫1983年获称道教全国重点宫观。

崂山现已成为"国家重点风景名胜区"、"国家森林公园"，荣获"国家级风景名胜区综合整治优秀单位"、"最佳资源保护的中国十大风景名胜区"、"中国风景名胜区顾客十大满意品牌"、"全国文明风景旅游区"、"国家5A级旅游景区"等荣誉称号。

崂山风景名胜区分南线、北线、中线和一条海上观光游览线，主要包括：巨峰风景游览区、流清风景游览区、太清风景游览区、上清风景游览区、仰口风景游览区、棋盘石风景游览区、北九水风景游览区、华楼风景游览区。

2. 明确重点

崂山游览的重点线路是太清风景游览区和巨峰风景游览区。

太清风景游览区是崂山的核心景区，这里三面环山，一面临海，冬无严寒，夏无酷暑，温和湿润，有"小江南"的美誉，有着两千多年历史的太清宫就坐落在这个景区。2013年，崂山风景区花费6000万元重新打造了景区的周边环境，使这里形成了"一场两桥三园"的格局，符合"道生一，一生二，二生三"的道教文化理念。导游讲解的重点为太清宫。太清宫主要建筑有"三官殿"、"三清殿"、"三皇殿"等，建筑风格为青石灰瓦，古朴无华，体现了道家"清静无为"、"修身养性"的思想境界。

崂山太清宫

巨峰风景游览区位于崂山中部，以崂顶也就是崂山主峰"巨峰"命名，俗称"崂顶"，海拔1132.7米，是我国18000千米海岸线上海拔最高的一座山，自古就有"海上名山第一"的美誉。整个景区以奇峰名石、自然山林景观和天象奇观而著称。重要景点为山门、搁云亭、离门、巨峰、天乙泉、灵旗峰等。

项目十一 崂山

巨峰云海

过程训练

一、创作园

准备阶段：

实地踩线，搜集资料。

构思设计：

前言 · 称呼与问候 · 欢迎语 → 总述 · 青岛城市特色 · 景区概述 → 分述 · 太清风景区 · 巨峰风景区 · 北九水风景区 → 结尾 · 回顾与总结 · 欢送词

尝试写作：

前 言

一般表示欢迎，包括问候语、欢迎语、介绍语、游览注意事项和对游客的希望五个方面，放在导游词的最前面。可以制造仙境氛围或设置某种游览悬念，为崂山之行做铺垫。问候语中注意体现出对不同团队的关注，如来自"沈阳"、"经理"等信息，针对性的称呼和问候，容易让游客在异地感受到亲切、温暖。针对散客人少的特点，导游词的设计要突出口语化，可采用对话或问答方式为游客进行讲解。

103

总 述

　　运用概述法对崂山风景区进行概括的介绍，介绍其地理位置、范围、旅游资源、景观特点、名人评价等，让旅游者对景点先有个总体了解。崂山风景区位于青岛市区以东的黄海之滨，旅游资源丰富，奇特的自然景观和厚重的人文景观相映生辉。主要包括巨峰风景游览区、流清风景游览区、太清风景游览区、上清风景游览区、仰口风景游览区、棋盘石风景游览区、北九水风景游览区、华楼风景游览区，主峰海拔 1132.7 米，是我国万里海岸线上海拔最高的山峰，被誉为"海上名山第一"；崂山山势奇特，是"天然雕塑公园"；气候温和宜人，冬暖夏凉，是旅游、疗养、度假的理想之地；泉水丰沛，水质优良，闻名中外的青岛啤酒就是用崂山泉水酿制而成；植物品种繁多，为著名的国家森林公园。崂山还是道教名山，备受古代帝王将相、达官要人和文化名人的青睐，拥有厚重的历史文化底蕴。

分 述

　　这是导游词讲解最重要的部分，由于接待的是散客，可以将南、北、东三条游览线路的特点先向客人做介绍，让客人选择其中的一条游览。

　　如果客人选择太清风景游览区，要先给客人介绍清楚景区以著名庙殿太清宫命名，位于崂山风景名胜区的东南部，由于景区特殊的地理环境，使这里形成了独特的亚热带气候环境，冬无严寒，夏无酷暑，被誉为"小江南"。通过太清宫石壁上的"太清胜境"、"海上名山第一"、"云山道家"等石刻所蕴含的道家思想，让游客明白自己即将进入道教圣地。接下来，根据游览线路重点介绍太清宫中的三官殿、三清殿、三皇殿等建筑，还有银杏、耐冬、黄杨树、龙头榆、桧柏等名贵古木，以及逢仙桥、契文、八仙墩、钓鱼台等石刻和奇石所蕴含的传说故事，让游客对崂山的道教文化有深入的了解。

　　客人如果选择巨峰风景游览区，导游先要交代清楚巨峰景区崂山主峰"巨峰"命名，以山海、天象、奇峰、怪石等构成了雄伟壮美、离奇多变的绝顶风光。进入山门，游客可选择徒步或乘坐空中缆车上山。从搁云亭向南看，到处可见自然地形与先民的智慧和谐构成的文化景致。自然碑、离门、巨峰、天乙泉、灵旗峰等景点的讲解，要体现大自然的伟大创造与中国古代先哲思想的结合，突出这座道教名山的自然与人文的独特价值。

结 尾

　　导游词的结尾可以包含回顾总结游览收获、感谢惜别、征求意见、致歉和祝愿等方面的内容。面对散客，可以面对面与游客交流，征询客人对导游服务的意见，以便更好地改进工作。

讲解方法应用：

1. 崂山是道教名山，历史上古代帝王将相、达官要人和文化名人留下大量著述记载，讲解中可引用典籍记载介绍崂山名称的由来、用历代名人游览崂山的诗词提高崂山景区的历史文化内涵，但典籍的引用一定要考虑客人的接受能力，对于文化素质较高的客人，如专家学者，引用法能提高讲解的文化内涵，如果客人文化层次不高，则应以通俗易懂为原则。

2. 太清风景区和巨峰风景区的讲解均可根据游览顺序采用分段讲解法。

3. 讲解过程中，结合景点具体内容可运用引用法、触景生情法或者虚实结合法等。如讲解巨峰的时候，引用古词"凭高目断周四顾，万壑千岩下无数，匝地洪涛吞岛屿，三山不见，九霄凝望，似入钧天去"来形容巨峰之巅那种"至高无上"的感觉。给客人讲解崂顶四大奇观的"巨峰旭照"时可以使用触景生情法——黎明前登上崂顶，遥望东方，在海与天相连的地方，渐渐出现一抹鱼肚白。转眼间，彩色光圈下出现一个鲜红光团，光团慢慢上升成为一个圆形的火球，把海水"提"起来。此时的太阳宛如一盏灯笼镶在海面的"基座"上，一瞬间，只见太阳向上轻轻一跃，挣脱了大海的依恋，升了起来，海面上顿时万点金光，波光闪耀。渐渐地，太阳越爬越高，连山谷中的浮云也染成了红色。这就是被誉为崂山名景之冠的"巨峰旭照"，为客人营造身临其境的感觉。

二、范例欣赏

各位游客：大家好！

欢迎您来到青岛崂山参观游览。在青岛地区有大小山峰几十座，崂山则是大自然的神来之笔。《齐记》中有"泰山虽云高，不如东海崂"的名句使崂山声名显赫。这里历史文化悠久，名道高僧汇集，山海奇观荟萃，古树名木苍翠。唐代诗人李白曾在此留下了"我若东海上，崂山餐紫霞"的著名诗句。

历史上崂山曾经几易其名，先后有过"牢山"、"劳山"、"辅唐山"、"鳌山"等称谓。崂山风景区总面积为446平方公里，主峰巨峰海拔1132.7米，堪称崛地而起、拔海而立。崂山气候清新湿润，冬暖夏凉，年平均气温为12.6摄氏度，是旅游、疗养、度假的理想之地。这里特殊的气象环境，还造就了奇妙的云气变化，云雾和水汽常常形成千姿百态的迷人景观，给人以虚幻神秘的感觉。景区内的圣水名瀑、名泉独具特色、各具神韵。著名的青岛啤酒和崂山矿泉水均依此水酿就而成。

朋友们，进入崂山，人们常常选择东、北、南三条线路，今天我们走南线游览崂山。现在我们进入的是太清风景游览区，它是被七座山峰环抱的一处临海山谷。我们的旅游车前方就是太清湾，请您随我一同下车前行。首先映入眼帘的是太清宫牌坊，四柱三门式，由底座、立柱、额枋和字板四部分组成。造型别致，庄重大气，自下而上分别雕有"事事如意"、"福禄寿"、"鹤鹿同春"、"十二生肖"、"龙形"等雕刻，形象生动，寓意深刻。其中牌坊的龙共有101条，象征着崂山太清宫在山东众多道家庙宇里百里挑一。在牌坊的侧面雕着蝙蝠、金钱和寿字，这是民间常说的"福禄寿喜"。

太清牌坊阳面"崂山太清宫"五字为中国道教协会前会长闵智亭道长题写；阴面"阆苑圣德"为现任山东省道教协会会长刘怀远道长所题。"阆"（làng）字意为"空旷"，"苑"指花园，"阆苑"古指仙人所居之境。"阆苑圣德"是指具备高尚品行的仙人居住之处。

太清宫又名"下清宫"，当地人也称下宫，在崂山众多的道教庙殿当中，太清宫是有记载的最早的崂山道教祖庭，也是崂山历史最悠久、规模最大的一处道观，始建于西汉建元元年（公元前140年），创始人为江西人张廉夫，几经修缮扩建，太清宫保留着宋代建筑的典型风格，形成了今天的规模，这在国内的各宗教建筑中是极为少见。

我们现在来到了太清宫的正门，此门于2004年5月1日建成开放，大门为重檐庑殿式建筑，也称"山门"。山门是仙俗相分的标志，按照道教的说法，跨过山门，就意味着踏进了仙界，与立于山门殿外眺望已是天壤之别、仙俗之分。山门内两侧供奉的是道教的"护法四圣"，即马灵耀、赵公明、温琼和关羽。

进入大门，大家可以看到位于我右手边的钟楼和左手边的鼓楼。"晨钟暮鼓"是为了给道士们形成严格的时间观念，提醒他们勤学苦修、不可虚度光阴。

太清宫占地3万平方米，建筑面积为2500平方米。庙宇共分三官殿、三清殿和三皇殿三个院落，各立山门。建筑风格为青石灰瓦，古朴无华，体现了道家"清静无为"、"修身养性"的思想境界。

我们现在进入了三官殿的庭院，首先映入眼帘的是这两棵"耐冬"树。耐冬又叫山茶，花期从每年的12月一直延续到第二年的5月，长达半年的时间。因盛开时正值隆冬季节，却能迎风怒放，所以称为"耐冬"。耐冬是青岛市的市花之一。

在我们右边的这颗耐冬高近7米，粗约60厘米，树龄600多年，传说是明朝道士张三丰从长门岩岛上移植过来的。1673年，清代文学家蒲松龄来到太清宫，恰好看到这棵耐冬花红似火，热烈而庄重，经过构思写就了《香玉》篇，这棵耐冬即是"绛（jiàng）雪"的化身，"绛雪"就是红色的雪；上清宫中花朵硕大、灿烂似锦的白牡丹，成为"香玉"的化身。《聊斋志异》流传于世，大大提高了这棵耐冬的知名度。不幸的是，被蒲松龄称作"绛雪"的耐冬已经死掉了，现在这棵小耐冬是补植的。左边的这棵耐冬，开的是重瓣白花，树龄也有400多年了。

继续游览，我们沿南门进入三官殿，其实南门并不是它的正门。原三官殿的正门是在东边，门朝东开。正门朝东开表示的是"紫气东来"。

现在我们来到了三官殿的正殿，主殿属单檐硬山式砖石结构殿堂，顶面覆盖黑色板瓦和筒瓦，匾额为木雕篆书体，为标准的宋代建筑风格。殿内供奉"三官"神像，分别是天官、地官、水官，是我国古代最有影响的三位部落首领尧、舜、禹的化身。传说尧生有八彩眉毛，因敬天爱民、上应天象，天下风调雨顺，被后人尊为天官；舜长有双瞳孔的眼睛，因当时民风高尚，地不生灾，而被尊为地官；禹因治理水患而被尊为水官，大禹治水的故事妇孺皆知。主殿东西两壁是"雷神"和"真武"二神的画像。

现在我们来到了太清宫三大殿中的主殿——三清殿，它由一座正殿和两座偏殿组成。正殿为砖石结构的硬山式建筑，正殿门的两侧各有一株桂花，东侧是金桂，西侧是银桂。三清殿正殿供奉的是三清真神。居中是玉清，为元始天尊，手持圆珠，象征洪元；东为上清，是灵宝天尊，怀抱如意，象征混元；西为太清，为道德天尊，手持宝扇，象征太初。

东配殿供奉的是"东华帝君"，在神话传说中它是天上阳神的总管。全真道奉他为北五祖的第一祖，他姓王名殆（dài），道号"东华子"，曾经隐居昆嵛山烟霞洞潜心修炼，修道成功后，得天真赐号"东华帝君"。

西配殿供奉的是西王母，神话传说她是天上阴神的总管，居住在昆嵛山的瑶池，民间称她为王母娘娘，西王母是她的官称。西王母最初是中国西部一个部落的首领，逐渐演变为神话，西王母也由人变成神，成为玉皇大帝的妻子，道教中称她为原始天尊的女儿。

我们一路西行，来到了三皇殿。三皇殿始建于唐代，由正殿和东西两个偏殿组成。正殿供奉有天皇、地皇和人皇。"三皇"是中华民族远古时期的三位领袖——伏羲、神农、轩辕。这位手持太极图的就是天皇伏羲，传说伏羲仰观于天、俯察于地，通阴阳而兼三才，始作八卦，即流传于世的"先天八卦"，后被人们尊为天皇；旁边这位手捻稻菽的是地皇神农，传说神农氏生有水晶肚子，为使人类有足够的生存食物，尝遍百草，吃到有毒的植物肚子发黑，若吃了某种植物肚子发红，便让人放心大胆地采食，后人尊其为地皇；手握笏（hù）板的是人皇轩辕氏，他做兵器、造舟车，因统一了我国黄河流域各分散部落，建立起中华民族的雏形，而被尊为人皇。

大家请往两边看，正殿两侧供奉的是我国历史上卓越的"十大神医"。他们当中有始创"四诊法"的扁鹊，有发明麻沸散、创立健身五禽戏的华佗，有《伤寒杂病论》的作者张仲景，有被尊为"药王"的孙思邈，有编写药物学巨著《本草纲目》的李时珍等。

各位游客，眼前这地势高旷、云雾缭绕的胜景就是明霞洞了，这里早在古时便以"万里风涛临大海，千林霜叶响空山"而著称，更因景色幽丽、霞光山色、变幻无穷，享有"明霞散绮"的美称，是崂山十二景之一。此洞位于玄武峰下的天然石洞，原为上清宫的一处别院。"明霞洞"三字，相传为丘处机所书。

朋友们，大家现在观赏到的这气势雄伟的瀑布，就是享有"崂山第一瀑"之称的龙潭瀑了。龙潭瀑又名玉龙潭，水源来自海拔500米的天茶顶和北天门之间的山谷。涧水穿山越岭，沿路汇集了数十条溪水，聚成一股急流，奔腾而下，在一处高约30米的崖顶平台上，平直地冲出数尺之外；水在半空中飞旋了几曲折之后，汇合成一道长约30米、宽约5米的瀑布，顺着九十度的峭壁跌入崖下的碧潭之中。那气势，宛如一条矫健的玉龙，从悬崖之巅，腾云驾雾，呼啸而下，击得潭中水花四溅。人们拟其形、取其声、观其色，叫它"龙潭瀑"，瀑下的深潭取名"龙潭"，瀑布顶端"龙吟"两个隶书大字，直径一米，为当代著名书法家黄苗子1981年游崂山时所书。瀑下的巨石下尖上平，大家可坐在平台下，远可眺望四周群峰，近可仰视"龙潭喷雨"的壮丽景色。炎炎夏日却能如同置身雨中的感觉是不是倍儿爽啊！

朋友们，陶醉在崂山的自然美景中不知不觉我们的行程就要结束了，留下您的匆匆脚步，带走您对崂山美的记忆！感谢您的一路支持！再见！

（选自《诗情画意山东游》，有删改）

三、讲解活动

1. 阅读并讨论

阅读以上范例，小组讨论：

(1) 范例中崂山三条旅游线路之间是怎样的位置关系？试图示说明。

_____
_____
_____

(2) 在讲解中如何处理景区中景点之间的过渡语？

_____
_____
_____

（3）重点景点和其他景点应把握好详略得当，在崂山讲解中，哪些景点可以略讲？

_____
_____
_____
_____

（4）认真阅读文中引用的典籍资料，通过网络或者翻阅相关书籍，提高对典籍的理解能力，提高知识储备。

_____
_____
_____
_____

2. 教师示范讲解：崂山概况

3. 情景模拟讲解

分小组练习，以地陪导游身份分别模拟讲解太清风景区、巨峰风景区，做到讲解仪态端庄大方、景区内容正确、表达流畅，语调亲切自然、语速适中，有一定的现场感。教师巡视指导。

4. 各小组选派代表上台模拟讲解展示

效果评估

项目 分数		C（0~3分）		B（4~5分）		A（6~10分）	
		标准	得分	标准	得分	标准	得分
态势语	礼节10	无		一般		礼节得体	
	眼神	眼神局促		覆盖全场		自然覆盖全场	
	手势	没有手势		手势过繁或机械		手势自然、得体	
	站、走姿	紧张、僵硬		挺拔自然		挺拔、沉稳、优雅	
语言能力	普通话发音	地方话严重		发音基本标准		发音标准，口齿清楚	
	用词遣句	不恰当		基本恰当		恰当有分寸	
	语言表达	不连贯		基本流畅		流畅自然、语速适中	
	语音语调	声音小、含糊不清		音量适中，语调亲切		抑扬顿挫、节奏感强	
导游词内容	重点	知识点不全		重点突出		内容生动、有创新	
	全面	不够全面		比较全面		概括全面	
	条理	不明朗		比较清晰		清晰明了	
导游讲解	口语化	不够易懂		比较通俗		通俗易懂	
	不良口语	不良口语多		两种以下		无不良口语	
	讲解逻辑性	无逻辑		基本有逻辑		点面结合、逻辑性强	
	讲解方法	单一		三种以下方法		三种以上方法	
	生动性	枯燥无味		基本生动		艺术性与趣味性结合	
小组合作	角色分配	一般		不合理		因人而异	
	小组协作	不积极		一般积极		积极主动	

评价说明：

导游讲解评价一般包括：导游员的仪容仪表、态势语、导游词内容组织、讲解能力等方面。在分段式模拟讲解练习中，教师通过巡回指导，指导学生明确讲解标准。

小组代表展示环节，各组评分员依照上表分级标准进行评判。

练习场

结合课堂练习,将崂山景区分段讲解的各部分串联,完成全景区导游词创作和讲解。

图书在版编目（CIP）数据

山东导游讲解实训 / 李丹主编 . -- 北京：中国书籍出版社，2017.10

ISBN 978-7-5068-6563-0

Ⅰ.①山… Ⅱ.①李… Ⅲ.①导游-高等职业教育-教材②旅游指南-山东 Ⅳ.①F590.63②K928.952

中国版本图书馆 CIP 数据核字(2017)第 256878 号

山东导游讲解实训

李丹 主编

责任编辑	丁　丽
责任印制	孙马飞　马　芝
封面设计	管佩霖
出版发行	中国书籍出版社
地　　址	北京市丰台区三路居路 97 号（邮编：100073）
电　　话	（010）52257143（总编室）　　（010）52257153（发行部）
电子邮箱	eo@chinabp.com.cn
经　　销	全国新华书店
印　　刷	青岛金玉佳印刷有限公司
开　　本	787 mm × 1092 mm　1 / 16
字　　数	143 千字
印　　张	7.5
版　　次	2018 年 1 月第 1 版　　2018 年 1 月第 1 次印刷
书　　号	ISBN 978-7-5068-6563-0
定　　价	22.00 元

版权所有　翻印必究